Comunicação
Empresarial

Ana Shirley **França**

Organizadora

Ana Shirley França
Aristeu Mazuroski Jr.
Elena Godoi
Marcio Gonçalves
Maria Natalina Cinegaglia
Maurício Neves Benfatti
Rafael Rocha Jaime
Ricardo Gaz
Sadon Rangel de França
Wagner Siqueira

Comunicação
Empresarial

SÃO PAULO
EDITORA ATLAS S.A. – 2014

© 2013 by Editora Atlas S.A.

Capa: Zenário A. de Oliveira
Projeto gráfico e composição: Set-up Time Artes Gráficas

Dados Internacionais de Catalogação na Publicação (CIP)
(Câmara Brasileira do Livro, SP, Brasil)

Comunicação empresarial / Ana Shirley França (organizadora). –
São Paulo: Atlas, 2014.

Vários autores.
Bibliografia.
ISBN 978-85-224-8414-0
ISBN 978-85-224-8415-7 (PDF)

1. Comunicação na administração 2. Comunicação na empresa 3. Planejamento estratégico. I. França, Ana Shirley.

13-10073
CDD-658.45

Índice para catálogo sistemático:

1. Comunicação empresarial : Administração de empresas   658.45

TODOS OS DIREITOS RESERVADOS – É proibida a reprodução total ou parcial, de qualquer forma ou por qualquer meio. A violação dos direitos de autor (Lei nº 9.610/98) é crime estabelecido pelo artigo 184 do Código Penal.

Depósito legal na Biblioteca Nacional conforme Lei nº 10.994, de 14 de dezembro de 2004.

Impresso no Brasil/*Printed in Brazil*

Editora Atlas S.A.
Rua Conselheiro Nébias, 1384
Campos Elísios
01203 904 São Paulo SP
011 3357 9144
atlas.com.br

SUMÁRIO

Prefácio, vii

Nossa homenagem a Ivy Lee, ix

Introdução, 1

1 Pragmática e comunicação nas organizações: para além da teoria da polidez (**Elena Godoi, Aristeu Mazuroski Jr.** e **Maurício Neves Benfatti**), 3

2 O *e-mail* corporativo – comunicação formal e responsável (**Ana Shirley França**), 25

3 Influências do estilo gerencial na comunicação empresarial (**Wagner Siqueira**), 37

4 Comunicação estratégica e *media training*: a supervia nos trilhos (**Sadon Rangel de França; Marcio Gonçalves**), 55

5 O processo de comunicação no planejamento e controle da produção (PCP) (**Ricardo Gaz**), 71

6 O passado como motor da inovação: contribuições da memória para as organizações (**Rafael Rocha Jaime**), 109

7 Bases para se refletir sobre o endomarketing e a comunicação interna (**Maria Natalina Cinegaglia**), 123

Índice remissivo, 139

PREFÁCIO

As rápidas mudanças que ocorrem no mundo globalizado impelem necessariamente as empresas a adotarem posturas cada vez mais competitivas. Relacionar-se com seus diferentes públicos tornou-se essencial para a empresa que deseja construir, formatar e manter a imagem e a identidade corporativa. Nesse cenário, a Comunicação passou a ter função estratégica dentro das organizações.

Cônscias disso, essas organizações procuram melhorar sua comunicação e, mesmo assim, ainda percebem existir arestas que podem ser aparadas com planejamento e estratégias. E quando os comunicadores começam a entender e conhecer assuntos relacionados à Administração, colocando-os em prática, pode-se dizer que a Comunicação começa, de fato, a assumir posição estratégica dentro da empresa.

Considerada uma das mais importantes áreas da atividade humana e social, a Administração é uma Ciência bastante estudada e, dada a sua relevância e importância, faz-se necessária em todos os setores da sociedade. Por sua vez, a Comunicação passa a ser um dos caminhos da gestão para alcançar resultados. Assim, é preciso haver uma interação entre ambas as áreas, e é da simbiose entre Administração e Comunicação que o livro organizado pela administradora Ana Shirley França discorre.

A obra reúne o trabalho de grandes especialistas no assunto. Cada capítulo traz a contribuição de autores com formação e experiências diversas, para que o leitor possa conhecer, em profundidade, as duas ciências em sinergia. Os artigos têm uma linguagem direta e clara, o que os torna de fácil compreensão.

Se seu desejo é potencializar a Administração por meio da Comunicação ou aplicar as lições da ciência da Administração à Comunicação, a leitura deste livro torna-se, certamente, indispensável. A obra abre caminhos à Comunicação Empresarial, propõe um debate coerente sobre essas duas áreas das ciências sociais e integra a teoria à prática.

Siga em frente e aproveite a leitura!

Adm. Sebastião Luiz de Mello

Presidente do Conselho Federal de Administração (CFA)

http://starsbestpics.com/Ivy-Lee.html

NOSSA HOMENAGEM A IVY LEE

A Comunicação Empresarial surgiu nos Estados Unidos, no início do século XX, precisamente em 1906, ano em que Ivy Lee decidiu abrir o primeiro escritório de Relações Públicas do mundo.

Lee deixou de exercer a profissão de jornalista para realizar um novo trabalho com o objetivo de recuperar a credibilidade de John D. Rockfeller. O empresário, na época, era o mais odiado de todos os patrões dos Estados Unidos. Ivy conseguiu que seu cliente passasse a ter sucesso junto à imprensa e à opinião pública, para quem Rockfeller deixou de ser o "patrão sanguinário" e se tornou o "benfeitor da humanidade".

Ivy Lee escreveu e adotou uma carta de princípios que até hoje representa orientação para os especialistas modernos da área.

Assim, homenageamos o primeiro homem que pensou a comunicação no mundo corporativo.

INTRODUÇÃO

O livro *Comunicação empresarial* foi elaborado com o objetivo de oferecer aos profissionais, estudantes, professores das áreas da Administração, Comunicação, Letras e demais leitores um conjunto polivalente de conhecimentos, para melhor atuar e realizar as atividades de comunicação no ambiente corporativo.

Estudiosos da Administração e comunicólogos são unânimes em afirmar que muitos problemas da Administração são de comunicação. Peter Drucker afirma em seu estudo: "60% dos problemas organizacionais são de Comunicação". E todos que atuam nas empresas sabem e reiteram os problemas causados pela falta de conhecimento e planejamento na área da comunicação aplicada às organizações.

Assim como ocorre na empresa, com o desconhecimento ou falhas no uso da comunicação, também os profissionais da área da comunicação social sentem dificuldades em atuar em áreas voltadas às organizações e à gestão. É nesta lógica interdisciplinar e de interações que o livro se constrói e demonstra a sua relevância.

Este livro reúne temas de interesse na área da Comunicação Empresarial, em que são apresentadas imbricações entre conceitos e assuntos atuais e inovadores nas áreas da Administração e Comunicação. Vários autores se reuniram para contribuir com estudos e vivências da sua atuação profissional e acadêmica. Professores universitários e profissionais de mercado, em sinergia, trazem conhecimentos teóricos e práticos, frutos de pesquisa e da maturidade profissional que cada autor possui e socializa, por meio do livro.

Cada autor traz construções de saberes diferentes e interessantes, visando ampliar conhecimentos e oferecer reflexões aos leitores e, até mesmo, servir como ponto de partida para novos estudos. Assim, os capítulos são construídos em uma lógica autônoma, mas que no conjunto da obra se integram e se adequam à ampla área da Comunicação Empresarial. Temas como: a polidez, o *e-mail* corporativo, as influências do estilo gerencial e a comunicação, o processo de comunicação e planejamento, comunicação estratégica e *Media Training*, o passado como motor da inovação, endomarketing e a comunicação interna serão tratados e desenvolvidos neste livro.

<http://de.123rf.com/photo_8313245_frau-und-mann-die-hande-sch-tteln-auf-den-hintergrund-des-geoffneten-laptop.html>

1 PRAGMÁTICA E COMUNICAÇÃO NAS ORGANIZAÇÕES: PARA ALÉM DA TEORIA DA POLIDEZ

Elena Godoi[1]

Aristeu Mazuroski Jr.[2]

Maurício Neves Benfatti[3]

---

[1] **Elena Godoi** é doutora em Linguística pela Universidade Estadual de Campinas e professora associada na Universidade Federal do Paraná. É líder do Grupo de Pesquisa "Linguagem e Cultura". Seus principais interesses de pesquisa se concentram nos estudos da Pragmática intercultural e cognitiva.

[2] **Aristeu Mazuroski Junior** é psicólogo, especialista em Psicologia do Trabalho e doutorando em Estudos Linguísticos no Programa de Pós-Graduação em Letras da Universidade Federal do Paraná. Sua pesquisa se concentra no estudo do comportamento linguístico e Psicologia cognitiva.

[3] **Maurício F. Neves Benfatti** é doutorando em Estudos Linguísticos no Programa de Pós-Graduação em Letras da Universidade Federal do Paraná. Seus interesses de pesquisa se concentram nos estudos relacionados à Pragmática cognitiva.

INTRODUÇÃO

Apresentaremos em nosso texto um panorama da Comunicação organizacional contemporânea, com ênfase na contribuição da Pragmática linguística e, especificamente, do papel da Teoria da Polidez enquanto referencial para os estudos das práticas comunicativas organizacionais. Faremos em seguida uma breve discussão da importância dos fatores cognitivos na Comunicação organizacional, apontando alguns casos em que a falta de comunicação eficiente foi catastrófica – os acidentes aéreos na aviação civil. Finalmente, apontaremos caminhos para que as teorias sociais e cognitivas possam atuar juntas na compreensão do ser humano como agente comunicativo. Abordaremos como seus desejos, emoções e particularidades históricas podem interferir na prática comunicativa de forma decisiva, requerendo uma compreensão mais ampla do indivíduo para que sejam compreendidos suas escolhas comunicativas e seus efeitos na comunidade de prática.

1.1 Pressupostos da comunicação organizacional contemporânea

Para os linguistas, é assombroso constatar que a área de Comunicação Social até hoje opera com as definições e teorias da comunicação humana fundamentadas na Teoria da Informação (SHANNON; WEAVER, 1949), centrada na codificação-decodificação, para explicar o processo de troca de sinais entre duas fontes de dados. Em 1963, o linguista R. Jakobson adapta essa teoria matemática à interação humana, chamando-a de Teoria da Comunicação e restringindo a comunicação interpessoal ao ato de transmissão da informação (emissor-receptor). Passado meio século, o processo de comunicação continua sendo entendido pelos estudiosos brasileiros da Comunicação Empresarial como "o ato de compartilhar informações entre duas ou mais pessoas" (TERCIOTTI; MACARENCO, 2009, p. 2).

Grosso modo, na época da formulação da Teoria da Comunicação por Jakobson, a linguística se apoiava no conceito do *código*, que parecia compreender todos os fenômenos da fala. O mecanismo de produção de significados era visto como relativamente simples: as unidades lexicais transmitiriam, dentro de um contexto entendido como situação ou ambiente, significados individuais, aos quais se acrescentariam as construções sintáticas que indicariam as relações semânticas entre os significados lexicais. Não podemos esquecer também que a linguística abraçava o postulado da *imanência*, ou seja, a possibilidade e a necessidade metodológica de estudar a língua em si mesma e por si mesma. Tal concepção ignora os fenômenos extralinguísticos como o *contexto,* que possui um papel importante na construção do sentido e do significado. No esquema elaborado por Jakobson, o "código", em singular, supõe sua homogeneidade. Entretanto, os participantes do processo comunicativo, mesmo quando pertencem à mesma comunidade linguística, não falam exatamente a mesma língua; eles têm conceitos distintos dos mesmos objetos, encaram a mesma situação de maneiras diferentes etc. É assim que devemos reconhecer que, no processo comunicativo, a intercompreensão sempre e obrigatoriamente é *parcial.*

Precisamos levar em conta que, na comunicação humana real, o "emissor" e o "receptor" são pessoas/indivíduos reais: nasceram e cresceram em suas famílias particulares (e mesmo que não tenham nascido nem crescido numa família, tiveram pais biológicos particulares e cresceram em ambientes particulares); estudaram (ou não) em escolas específicas; conheceram pessoas diferentes durante a sua vida e assim por diante. Ou seja, pessoas reais não são máquinas (a Teoria da Informação funciona bem para explicar e desenvolver a comunicação entre máquinas) e têm seus pensamentos, conhecimentos, valores, crenças etc., vivendo simultaneamente em várias comunidades particulares: família, amigos, igreja, trabalho, entre outros.

A pragmática contemporânea toma a perspectiva de prática psicossocial da linguagem, ao abordar a produção e a interpretação dos significados a partir da interação entre quem fala (ou escreve) e quem ouve (ou lê). O significado de um enunciado será produzido e interpretado naturalmente a partir de seus elementos linguísticos, mas também levará em conta fatores psicológicos, históricos e socioculturais que falantes reais, em situações reais, com propósitos e objetivos explícitos ou não, usam para se comunicar. Nessa perspectiva, os efeitos e consequências do uso contínuo dos elementos não linguísticos, tais como atitudes, intenções, valores, emoções, convenções, crenças etc., tanto do falante quanto do ouvinte, é que ditam as regras do jogo da comunicação humana.

Assim, a Pragmática pode ser entendida como a disciplina que estuda a comunicação (interação) humana, uma vez que seu caráter interdisciplinar ultrapassa os níveis linguísticos, estendendo-se para o estudo dos princípios – linguísticos e extralinguísticos – que regulam o uso da linguagem humana em situações comunicativas reais e concretas. Nesse processo, a consolidação da pragmática, assim como seus conceitos e teorias, foi se desenvolvendo, se ramificando, se entrelaçando com outras disciplinas humanísticas, tais como a Linguística, a Filosofia, a Sociologia, a Antropologia cultural, a Psicologia e, na troca de conceitos com estas disciplinas, se solidificou como uma perspectiva interdisciplinar notável.

Uma das ideias centrais da Pragmática consiste na hipótese de que os interlocutores só proferem e interpretam discursos e enunciados porque, dependendo dos contextos, nos quais estão inseridos, as pessoas antecipam e preenchem uma série de expectativas cognitivas que permitem inferir os significados transmitidos.[4] O processo de interpretação de um enunciado em uma situação real demanda ao menos dois processos distintos, visto que o reconhecimento de uma proposição demanda a desambiguização dos elementos referenciais (aqueles que nos remetem a coisas no mundo) da sentença e, além disso, é necessário reconhecer as intenções comunicativas do falante para dar à enunciação uma interpretação adequada. Contudo, algumas dessas expectativas pouco ou nada têm a ver com a informação transmitida, e sim com a maneira como se realiza a ação interpretativa – a partir de pressupostos linguísticos e psicológicos – para manter as "boas relações" entre os interlocutores. A maneira como falante e ouvinte interagem verbalmente num ato comunicativo diz respeito à *polidez* ou à *cortesia*.

1.2 A Teoria da Polidez como marco nos estudos organizacionais

Os estudos atuais sobre cortesia têm como base a Teoria da Polidez (TP), de Brown e Levinson (1987). A TP concebe a polidez como um dos elementos essenciais da vida social humana, isto é, como uma condição necessária para uma cooperação comunicativa eficaz. Segundo a Teoria da Polidez linguística, em qualquer sociedade existem padrões de comportamento, nos quais os falantes se baseiam para avaliar se os enunciados são polidos ou não. Nessa perspectiva, visto que a polidez é entendida como uma norma conversacional (e, nesse sentido, a polidez verbal deve ser considerada um conceito pragmático universal), só as violações dessa norma seriam notadas pelos interlocutores. Por isso, "dizer a verdade", por exemplo, em certas circunstâncias, pode não ser uma atitude cortês.

A aplicação da TP ao ambiente das organizações pede por algumas reflexões prévias, devido a algumas idiossincrasias desse ambiente. Dontcheva-Navratilova (2005) indica que, nas organizações, o ambiente de trabalho tem prevalência acentuada sobre as escolhas linguísticas dos participantes na comunicação organizacional, a ponto de o discurso veiculado na empresa poder ser considerado como um registro específico, uma "língua que só se fala ali dentro". Ao situar

---

[4] Nesse sentido, o silêncio, como estratégia conversacional intencional, comunica muito mais do que se imagina.

a comunicação organizacional de tal forma, a autora aponta que as escolhas pragmáticas feitas pelos interlocutores na organização se relacionam de forma estreita com o grau de imposição, distância social e o poder relativo dos participantes, fatores que serão tratados a seguir, indicando a TP como valiosa ferramenta explicativa da comunicação organizacional.

Para Brown e Levinson, a ideia de polidez se baseia em duas noções básicas: (i) a noção de que a comunicação é uma atividade racional objetiva – os interlocutores pensam estrategicamente e têm consciência de suas escolhas linguísticas; (ii) a noção de que cada indivíduo deseja preservar a sua imagem pública, isto é, sua *face*. Os autores indicam o conceito de face como crucial, pois ele funciona como uma espécie de "força motriz" para ativar a polidez. A polidez se refere à necessidade que o falante tem de manter a harmonia conversacional com o ouvinte, ou seja, à maneira como o falante diz o que tem a dizer. A noção de face consiste em dois tipos de desejo dos indivíduos: (i) *face negativa*: o desejo de autoafirmação, de não admitir imposições, ter liberdade de ação; (ii) *face positiva*: o desejo de ser aprovado, aceito, apreciado pelo interlocutor, pela comunidade. Obviamente, na teoria, as expressões *face negativa* e *face positiva* não significam algo como "ruim" e "bom": são conceitos assumidos teoricamente. Terkourafi (2005, p. 241) aponta que as versões mais recentes da TP demonstram que os comunicantes nem sempre pensam em polidez como algo "bom". Assim, a polidez enquanto conceito sofre uma reavaliação, e pode tanto ser considerada como positiva quanto negativa (aqui sim, no sentido do senso comum) quando, por exemplo, ela é vista como uma tentativa de manipulação em benefício do falante que tenta ser "polido".

Para Brown e Levinson, a face é uma "autoimagem pública que cada membro deseja para si" (1987, p. 61, trad. nossa) e que, no processo de comunicação, essa imagem pode ser mantida, reforçada ou perdida. Segundo os autores, o mais frequente e o mais natural em uma interação verbal é que ou a face do falante ou a do ouvinte (ou ambas) seja colocada em jogo por meio dos "Atos de Ameaça à Face" (FTA's).[5] Como a necessidade de produzir um enunciado que não ameace a face do ouvinte e o desejo de não "machucar" a própria face estão sempre em conflito, o falante busca maximizar a realização de estratégias que atenuem os FTA's, o que não quer dizer que em determinadas circunstâncias não surja a atitude contrária. A teoria prevê três fatores variáveis que estabelecem os níveis de polidez associados aos tipos de desejo e, consequentemente, ao risco de manutenção e ameaça de *face*. São eles:

1) o poder que o ouvinte exerce sobre o falante e vice-versa – P(F,O);

---

[5] Do inglês *Face Threatening Acts*.

2) a distância social entre os dois – D(F,O); e

3) o grau de imposição do ato comunicativo, ou seja, o risco de o ouvinte "perder a face" em um contexto sociocultural específico – Rx.

A escolha da estratégia conversacional do falante se dá em relação ao "peso" (Px) de um *FTA*, ou seja, em função da observação das três variáveis sociais.

Segundo a Teoria da Polidez, os enunciados diretos, que expressam ordens, por exemplo, representam *per se* uma ameaça à face negativa do ouvinte, pois o falante exerce certa pressão sobre seu interlocutor para que ele execute alguma ação particular. Já os atos chamados *expressivos* (desculpas, cumprimentos, agradecimentos) são vistos como ameaçadores da face positiva do falante: no caso de ter de pedir desculpas, por exemplo, o falante pode se encontrar em uma situação constrangedora ou humilhante, o que ferirá sua face.

A polidez linguística, na perspectiva da teoria de Brown e Levinson, é um conjunto de estratégias linguístico-discursivas que permitem evitar ou atenuar os conflitos conversacionais quando os interesses do falante e do ouvinte não coincidem. A polidez, assim como a face, pode ser positiva ou negativa. A polidez positiva busca a solidariedade, a aproximação. Já a polidez negativa evita o confronto e o conflito. Enquanto as estratégias da polidez positiva se dirigem à face positiva do ouvinte, as da polidez negativa se dirigem à face negativa, uma vez que são mais indiretas e minimizam a imposição (Rx). Tais estratégias incluem as interrogações, os diminutivos, a modalidade verbal etc. Existem também, de acordo com a TP, as estratégias *bald on record* (totalmente direta)[6] e *off record* (totalmente indireta: tautologias, elipses, metáforas, ironias, ambiguidades etc.).

Algumas estratégias conversacionais atenuam as ações ameaçadoras. São chamadas de 'ações reparadoras de face'. Os idiomas humanos possuem recursos lexicais, gramaticais, discursivos, prosódicos (variações de entonação), formas de tratamento etc. específicos, que entram em jogo de maneiras diferentes nas diversas línguas e culturas. Nas orações abaixo podemos ver alguns desses recursos em português, que o falante pode escolher para atenuar, ou acentuar, os conflitos conversacionais com seu interlocutor.

---

[6] A estratégia *bald on record* (direta), frequentemente concebida e percebida como impolida, supõe que a intenção comunicativa do falante está bem clara. Essa estratégia é usada em situações e circunstâncias muito específicas: (a) de emergência, quando a preocupação com a *face* fica em segundo lugar (no caso, por exemplo, de um incêndio ou um pedido de socorro, quando a distância social, o *status* etc. do socorrista e do socorrido não têm a menor importância); (b) de interesse do ouvinte sem sacrifícios da *face* do falante (no restaurante o garçom diz ao freguês: *Está servido?*); (c) quando o poder social (*status*) do falante é superior ao do ouvinte (diretor de uma empresa para sua secretária: *Maria, limpe a minha mesa*).

1) Eu gostaria muito que você ficasse quieto (quietinho);

2) Seria possível (pra) você ficar quieto?;

3) Por favor, fique/a quieto;

4) Cale/a a boca!

Observe-se que nas sentenças apresentadas é possível traçar *a priori* uma linha descendente, contendo expressões linguísticas que possibilitam ao falante passar da forma linguisticamente mais polida para a menos polida; assim, o falante recorre a certos atenuadores linguísticos que permitem expressar, expor ou preservar tanto sua face positiva ou negativa, quanto as faces de seu interlocutor. Entretanto, não devemos esquecer que a polidez (assim como a imposição direta) dos enunciados (1-4) não é fixa e dependerá do contexto em que o enunciado é proferido e suas variáveis. Como afirma Terkourafi (2005, p. 248), a polidez surge na regularidade dos efeitos causados por certas sentenças em contextos específicos, ou seja, a polidez não reside nas expressões linguísticas em si, no código, mas sim no seu uso regular e na aceitação pela comunidade como veículo de cortesia ou cuidado com o ouvinte em certas situações.

A ideia de polidez linguística é uma noção de relacionamento, de comportamento social por meio da interação verbal. Isso significa que, em determinadas circunstâncias, dependendo da distância e das relações de poder entre os interlocutores, o falante pode usar a estratégia *bald on record*, sem atenuações, e ser bem direto, como o exemplo (4) sem ser "impolido". Já na estratégia *off record*, a intenção comunicativa do falante não é clara, e o ouvinte tem de recorrer às inferências complexas para descobrir as intenções comunicativas do falante. A seguir temos um exemplo da estratégia *off record*:

5)   Eu não consigo me concentrar com tanto barulho!

O uso dessa estratégia comunicativa faz com que a intenção do falante não fique explícita, o que permite preservar a face tanto do ouvinte, como do próprio falante. Nesse sentido, em princípio, quanto mais indireto for o ato comunicativo, menos ameaçador ele é, uma vez que abre espaço para a negociação entre interlocutores. Entretanto, como já foi dito, a relação entre a (in)diretividade e a ameaça à face é muito tênue e depende fortemente do contexto situacional e cultural que determina as variáveis *distância*, *poder* e *grau de imposição*. Uma relação íntima, de igualdade de poder, por exemplo, exige a escolha de alguns atenuadores específicos entre as pessoas próximas. Já os enunciados de polidez negativa com muitos atenuadores costumam soar irônicos ou sarcásticos, como acontece entre os familiares ou colegas da mesma idade que trabalham juntos há anos:

6) (Chuchu) (Queridinha) Será que você não me faria um grande obséquio de deixar o computador só por um instante para me ouvir?

Uma situação de intimidação, de ofensa, por sua vez, exigiria outras estratégias. Da mesma maneira, situações de resignação, solicitação de emprego, pedido de desculpa, omissão etc. exigirão a escolha de estratégias específicas.

Brown e Levinson defendem o ponto de vista de que a polidez serve, ao mesmo tempo, para refletir a distância social e também para criá-la. Os estudos em polidez recentes (cf., por exemplo, STEPHAN; LIBERMAN; TROPE, 2010) são enfáticos quanto à função complementar da polidez como um regulador da distância social e mostram claramente que as pessoas preferem usar o discurso mais polido quando precisam criar a distância social maior. Assim, um colega pode escolher as estratégias da polidez negativa em grau mais alto ao se dirigir ao seu colega de trabalho. Fazendo tal escolha, ele manifesta (reflete) a existência da distância interpessoal relativamente grande e, ao mesmo tempo, faz com que a distância social entre eles aumente.

Stephan, Liberman e Trope (2010) entendem a distância social como um tipo de distância psicológica. De fato, são os falantes que avaliam a distância para selecionar as estratégias a serem usadas, e os ouvintes, por sua vez, também avaliam essa distância e interpretam o discurso do falante de acordo com a sua avaliação. Acontece que nem sempre as avaliações dos interlocutores coincidem, o que pode levar aos sentimentos de ameaça à face e consequentes conflitos. O enunciado do exemplo (6), dependendo da avaliação feita pelo ouvinte, pode provocar um conflito entre os interlocutores. Arundale (2006, p. 194) propõe que a "polidez [...] surge durante a interação entre pessoas" (trad. nossa) e que, portanto, a polidez é negociada. Com isso, é possível que certos atos de fala *possam* ser ameaçadores em um dado contexto, mas também possam *não* sê-lo em um outro contexto.

Desde sua formulação em 1987, a Teoria de Polidez tem sido bastante discutida, criticada e testada empiricamente em várias línguas e culturas, o que inevitavelmente leva a modificações e reformulações. Uma boa parte das críticas à teoria de Brown e Levinson recai sobre sua concepção da face negativa. Trabalhando com várias línguas e culturas, os estudiosos perceberam que esse conceito reflete não a autonomia e as considerações de custo-benefício, mas antes envolve a autonomia e a identidade social (p. ex., MATSUMOTO, 1988; IDE, 1989; MAO, 1994). Mao (1994) sugere que o nosso comportamento interacional é guiado pelas representações de identidade social ideal e de autonomia individual ideal que temos. A identidade social ideal motivaria os membros de uma comunidade a "se associarem" e a cultivarem um senso de homogeneidade. Já a autonomia individual ideal motivaria a preservar sua liberdade e seu espaço. Entretanto,

Spencer-Oatey (2000) considera que a dimensão autonomia-associação não tem valores universais e pode ser vista como um contínuo, além do que, em culturas diferentes e em situações diferentes, os indivíduos podem optar por escolher pontos específicos desse contínuo.

A concepção tradicional de comunicação através de processos de codificação/decodificação que apontamos no começo deste texto parece se insinuar também na polidez, mas em uma escala cultural. De acordo com Terkourafi (2005, p. 238), a postura original da TP assume que, embora as culturas sejam diferentes, elas seriam ao menos internamente homogêneas, quanto aos princípios convencionados do que seria "polido". A aplicação da polidez se resumiria, nessa concepção, ao uso particularizado de certas estratégias linguísticas em acordo com princípios ou regras universais. Entretanto, outros estudos, como os de Eelen (2001) e Mills (2003), demonstram que tal homogeneidade é no mínimo duvidosa, mesmo dentro de comunidades com falantes que compartilham cultura e língua. A discussão a respeito do que é ou não "polido" em um grupo parece residir de forma determinante no contexto de uso das estratégias de polidez e, principalmente, no papel do ouvinte como intérprete engajado.

Revisões recentes da TP tendem a ser mais centradas no ouvinte, situando a polidez como uma avaliação da situação e do discurso feita pelo ouvinte, em vez de uma regra derivada das intenções do falante. Estas teorias também se diferenciam da concepção tradicional, ao considerar que não podem existir sentenças polidas *per se*, mas sim que a polidez surge ao longo de uma cadeia de sentenças, com negociação de sentido entre os participantes de uma mesma comunidade (TERKOURAFI, 2005, p. 241). O conceito de comunidade de prática (CodP) está ocupando ultimamente um lugar privilegiado nos estudos da polidez. Esse conceito faz referência a um grupo de pessoas engajadas numa tarefa comum e no processo de interação para realizar essa tarefa. Consequentemente, são envolvidos os modos de fazer e de falar e também crenças, valores e relações de poder. Mills (2003, 2009) acredita que é necessário levar em conta como as diferentes comunidades de prática constroem suas normas de (im)polidez que provavelmente se diferenciam das normas da sociedade em que está inserida uma comunidade de prática.

A polidez está relacionada também com o conhecimento de mundo, compartilhado – ou não – pelos interlocutores, que fundamenta as expectativas que os indivíduos têm, em cada situação específica, sobre o que deveria ou poderia acontecer (HAUGH, 2003, p. 399-400; CULPEPER, 2008, p. 29). Tal conhecimento é armazenado na mente em forma de chamados *esquemas,* que incluem *frames* e *scripts. Os frames* podem ser definidos como situações estruturadas por componentes que concorrem e os *scripts*, como uma certa sequência de ações esperadas em uma dada situação conhecida ou percebida como conhecida. Os *esquemas* estabelecem as normas de comportamento e geram as expectativas dos participantes quanto às suas produções e às avaliações das produções dos outros como apropriadas ou não. Culpeper (2011) lembra que algumas dessas normas são explícitas e reforçadas pela legislação (principalmente nas comunidades de prática institucionais). Vejamos alguns exemplos:

7) Eletrosul

Norma de Gestão Empresarial

NG-058 – Conduta nas Relações do Trabalho

Versão: 01 de 25/09/2001

V – DEVERES

1. São deveres fundamentais do empregado:

[...]

e) ser cortês, ter urbanidade, disponibilidade e atenção, respeitando a capacidade e as limitações individuais, sem qualquer espécie de preconceito ou distinção de raça, sexo, nacionalidade, cor, idade, religião, política e posição social, abstendo-se, desta forma, de causar dano moral;

8) US Airways

Contrato de transporte

[...]

3. Aceitação de clientes

3.1 Recusa de transporte

A US Airways pode recusar-se a transportar, ou pode remover de qualquer voo, qualquer passageiro pelos seguintes motivos:

[...]

6. Qualquer passageiro que represente uma ameaça ao conforto e/ou à segurança dos outros passageiros e funcionários, incluindo, sem limitação, passageiros que:

[...]

• Apresentem conduta que seja violenta, causadora de transtornos, ofensiva ou abusiva em relação aos outros passageiros e/ou funcionários, *incluindo ofensa verbal* relacionada a raça, cor, sexo, religião, nacionalidade, deficiência, idade, etnia ou opção sexual. (Grifo nosso)

Já outras normas são mais implícitas, e são precisamente tais normas que regem o nosso comportamento no dia a dia. Nas interações cotidianas, nos contextos privados (contextos chamados "intragrupo": amigos, família etc.), a impolidez frequentemente é aceita, embora haja famílias que estabelecem "códigos de bom comportamento".

Quanto ao uso de impolidez em comunidades de prática institucionais, Harris (2001) descreve a situação da impolidez sancionada que se dá normalmente na Casa dos Comuns do Parlamento britânico. Em tal contexto, os deputados da oposição têm oportunidades de constantemente atacar o Governo, usando a linguagem agressiva e/ou "chula", o que seria impossível em outros contextos. O serviço militar é outro exemplo de interação com a impolidez sancionada, considerada como norma, por parte de oficiais e recrutas mais velhos, membros dominantes da comunidade. Esse tipo de impolidez também é usado "legitimamente" em prisões e hospitais para doentes mentais.

1.3 Algumas considerações a respeito da Teoria da Polidez na prática organizacional

É interessante notar que o universo organizacional pode nos fazer questionar algumas noções sobre a TP que de outra forma pareceriam intuitivas, dentro de uma perspectiva racional. Terkourafi cita uma característica da comunicação humana que flerta com os postulados das ciências cognitivas. Na opinião da autora, a interação comunicativa tende a ser mais harmoniosa, visto que "interação sob condições de hostilidade e desconfiança é custosa, porque requer um estado de alerta contínuo, com busca de segundas intenções da parte de ambos interlocutores" (2005, p. 248-249, trad. nossa.). Assim, interlocutores que se baseiam em esquemas racionais deveriam sempre preferir interagir sob condições que não supõem hostilidade ou desconfiança. Terkourafi vai além, e afirma que os ouvintes normalmente não supõem como primeira intenção dos falantes uma intenção de ameaça à face, já que isso significaria que a interação sempre seria hostil e fundamentada na desconfiança entre as partes, gerando um gasto e empenho de energia desnecessários no sistema mental e nas relações entre os pares.

A noção não se aplica integralmente à comunicação organizacional, onde é possível sim supor um embate diário entre os integrantes da comunidade de trabalho, especialmente em situações onde existe disputa por espaços de poder. Ilustrativo, o estudo de Jessica Katz Jameson (2004) investigou a relação entre enfermeiras e médicos anestesistas nos Estados Unidos, onde a disputa pela posição de poder gera atrito constante entre os interlocutores, e a hostilidade e desconfiança parecem ser, de fato, a regra. O estudo demonstra que os profissionais formam grupos em conflito, já que ambas categorias profissionais anseiam por mais autonomia decisória, enquanto, de fato, tanto o anestesista, quanto a enfermeira se subordinam à autoridade do cirurgião. Ainda, as duas classes de profissionais se sentem pressionadas a dar visibilidade às suas contribuições para o processo de anestesia do paciente, angariando respeito mútuo.

A dificuldade para atingir equilíbrio entre a busca por autonomia e o trabalho em equipe gera um ambiente de conflito permanente entre médicos anestesistas e enfermeiras. O estudo deixa claro que quando a face é ameaçada constantemente, o indivíduo se torna defensivo e adota comportamentos de proteção à face que resultam em interações competitivas, ao invés de colaborativas. Tal fato é de importância crítica quando consideramos que o objetivo comum dos dois grupos é manter a saúde e o bem-estar de um paciente que está sendo submetido a um procedimento médico. A conclusão de Jameson (2004, p. 274-275) é interessante, pois aponta para o fato de que estratégias de polidez são utilizadas com sucesso entre os dois grupos a fim de atenuar a hostilidade permanente e permitir a execução das tarefas. A estratégia de polidez negativa específica adotada por estes grupos é o ato de dar explicações e motivos para as ações sugeridas durante o tratamento do paciente. Ao externalizar seus motivos de forma racional e estabelecendo uma cadeia de causalidade, a face de ambos profissionais é preservada já que: (i) se preserva a face do falante, ao ser demonstrado que sua experiência na área lhe dá o direito de impor ações ou cursos de ação; e, (ii) se preserva a face do ouvinte, ao ser oferecida uma explicação que convida à aceitação mediante o uso da racionalidade, ao invés de simples obediência à cadeia hierárquica.

O estudo que apresentamos acima pode criar a equívoca impressão de que a polidez é um recurso linguístico que se aplica apenas à minimização de conflitos abertos, mas é importante notar que estratégias de polidez também são adotadas em grupos homogêneos, integrados e em convivência harmônica dentro da organização. O estudo de Christina Wasson (2000) demonstra a sensibilidade das relações mesmo em pequenos grupos sem componentes de competição. Em tais casos, existe uma pressão entre os membros para manter a coesão do grupo, uma aparente "ditadura da harmonia"; ocorre que a demonstração de discordância ou saliência argumentativa de um dos membros pode ser interpretada como uma ameaça ao bom funcionamento do grupo, e o elemento causador da discordância é conduzido pelos demais membros para a adoção de uma opinião que seja uníssona com a maioria.

Neste tipo de ocorrência, a polidez tem papel fundamental, pois a harmonia do grupo deve ser reconquistada com o mínimo de rusgas e controvérsias, a fim de reafirmar o caráter de equipe, integração e coleguismo. Wasson (2000, p. 468-470) descreve o processo para restabelecimento dos níveis basais no grupo, frente a um evento de dissenso ou controvérsia ocasionado por algum dos participantes. O expediente mais eficiente em tais casos se conforma como uma estratégia linguística sofisticada e extremamente polida, segundo a qual o grupo cria a oportunidade para que o indivíduo causador de conflito mude de ideia por si só, reavaliando sua opinião perante o grupo e, de própria vontade, refutando a ideia controversa e adotando novamente as opiniões da maioria. Aparentemente, qualquer outra forma de condução seria geradora de confronto entre os membros, já que o ataque aberto da maioria tende a causar uma reação de defesa do membro discordante, criando a possibilidade de uma ruptura permanente na estrutura do grupo.

Como lembra Spencer-Oatey (2008), vários autores (WATZLAWICK; BEAVIN; JACKSON, 1967; BROWN; YULE, 1983) destacam uma importante "macrofunção" da linguagem: o gerenciamento efetivo dos relacionamentos. Spencer-Oatey (2000, 2008) propõe um modelo que possibilita interpretar o papel da polidez no seu contexto interacional ao incorporar novos conceitos: a intenção e a intencionalidade percebidas. Com isso, são lançadas as bases do estudo do chamado "gerenciamento relacional" (*rapport management*). Spencer-Oatey argumenta que, quando as pessoas interagem umas com as outras, elas gerenciam o relacionamento interpessoal, ou seja, as relações sociais harmoniosas entre elas que podem ser, dependendo do contexto, estabelecidas, mantidas ou até ameaçadas. Esse "gerenciamento" é "coconstruído dinamicamente" (SPENCER-OATEY, 2008, p. 6). A autora defende a ideia de que a polidez é um "julgamento social ou contextual" (SPENCER-OATEY, 2000, p. 3). Assim, o mesmo enunciado pode ser considerado polido e/ou apropriado em uma determinada situação e rude e/ou inapropriado em outra.

Além disso, a autora postula dois componentes do gerenciamento relacional: o primeiro é o gerenciamento da face, definido como o *valor* social positivo que a pessoa de fato quer para si em uma interação particular. Esse componente é subdividido em: a face de qualidade (corresponde à face positiva de Brown e Levinson) e a face de identidade, que é a necessidade de reconhecer e manter os papéis sociais. O segundo componente é o gerenciamento de direitos e obrigações sociais, que a pessoa quer para si numa determinada interação (a face negativa de Brown e Levinson), e o gerenciamento das expectativas sociais.

O modelo de Spencer-Oatey dá conta dos aspectos pessoais da interação (contemplados pela teoria de Brown e Levinson) e ainda incorpora o aspecto social da interação que considera as percepções do ouvinte. Assim, de acordo com o modelo, um comportamento ameaçador pode acontecer de duas maneiras distintas: o comportamento de ameaça à face e/ou o comportamento de ameaça dos direitos. Entretanto, alguns atos de fala podem ser interpretados ou como ameaçadores da face, ou como infringidores dos direitos sociais – sempre dependendo do contexto –, das expectativas dos falantes e da sua orientação quanto ao relacionamento (por exemplo, positiva ou, pelo contrário, desafiadora). Por sua vez, as percepções dos interlocutores no contexto da interação influenciam os níveis da polidez percebidos e engajados nessa interação.

A partir do texto seminal de Brown e Levinson (1987), os estudiosos da polidez se inclinam a apresentar esse fenômeno como um meio de evitar desacordos – e não mais como somente um "jogo" de FTA's, segundo a concepção adotada pela Teoria da Polidez –, enfatizando que existiria uma preferência social por acordos. Entretanto, já os primeiros estudos em polidez (SCHIFFRIN, 1984; KAKAVÁ, 1993) mostram que em certas comunidades os interlocutores preferem desacordos em vez de acordos, e que a função dos desacordos é justamente evitar a ruptura do grupo. Kakavá adverte que a variabilidade comportamental entre os locutores e de cada locutor depende do contexto e inclui fatores sociais, regionais, étnicos, cognitivos, de gênero, entre outros. Os estudos mostram que os homens apresentam desacordos mais direta e fortemente, enquanto as mulheres tendem mais às negociações e atenuações. Na análise dos desacordos, é importante levar em conta o relacionamento emocional entre os interlocutores e o histórico desse relacionamento, pois tal histórico afeta tanto a produção como a avaliação dos desacordos. Além disso, nossos pensamentos e ações podem ser influenciados pela presença de outro(s), muito embora ele(s) não participe(m) da interação diretamente. A presença de terceiros pode influenciar na construção, na interpretação e ser decisiva para a progressão ou resolução do conflito. Assim, como lembra Sifanou (2012), os desacordos não podem ser vistos como um fenômeno uniforme e as estratégias "Procure acordo" e "Evite desacordo" de Brown e Levinson não podem ser classificadas apenas como procedimentos de polidez positiva. Marra (2012) observou várias estratégias que permitem evitar desacordos na comunicação organizacional e propôs a existência de um contínuo dessas estratégias, que vão de menos a mais explícitas: (a) evitar o conflito; (b) desviar o conflito; (c) resolver o conflito, usando a negociação; e, (d) resolver o conflito, usando a autoridade.

1.4 Retomando o fator humano na comunicação

O reconhecimento do fato de que fatores sociais (como a polidez) demandam a compreensão também de fatores individuais (como os cognitivos) nos direciona para um âmbito organizacional muito específico, por evidenciar o papel fundamental da comunicação nas tomadas de decisões em contextos de risco ao bem-estar e à integridade do indivíduo. Para tanto, desenvolveremos algumas considerações sobre o que os especialistas em segurança na aviação chamam, hoje em dia, de Crew Resource Management[7] (CRM, daqui por diante), por demonstrar com clareza como a comunicação polida pode contribuir para confusão e desencadeamento de problemas sérios de procedimento com consequências fatais na aviação civil.

Do ponto de vista da Pragmática contemporânea, nota-se um paradoxo: se, por um lado, a capacidade humana de inferir é inerente ao desenvolvimento das tecnologias que redundaram na aviação, por outro, a dependência pragmática da cognição no ato da interpretação comunicativa é por vezes apontada como fonte de problemas comunicativos que acarretam acidentes. Notavelmente, a tendência aparentemente intuitiva de ancorarmos nossos comportamentos em nossas expectativas cognitivas de polidez é apontada como especificamente problemática em situações que envolvem alto risco (CUSHING, 1997; BONNEFON; FEENEY; DE NEYS, 2011). Nota-se que a indiretividade comunicativa que caracteriza a natureza da polidez é fonte de mal-entendidos comunicativos que desencadeiam consequências fatais na cadeia de tomadas de decisões em tais tipos de eventos. Justamente as situações de alto risco parecem especialmente propícias à emergência da linguagem indireta típica da manifestação da polidez.

Postule-se um cenário onde ocorre comunicação entre uma tripulação e um controlador de voo, e no qual a tripulação não manifeste claramente a premente necessidade de pousar, por exemplo, pela iminente falta de combustível. Se o controlador, em terra, não compreender a urgência real da situação, as consequências podem ser fatais. Como fator adicional, lembremos que, embora Brown e Levinson tenham concebido a polidez como um 'universal da linguagem em uso', o que é polido ou não é uma questão que varia de cultura para cultura, inclusive entre comunidades que compõem a mesma sociedade. Ou seja, se estivermos diante de uma situação comunicativa na qual interagem indivíduos com costumes culturais muito distantes, estaremos ainda mais próximos da possibilidade de mal-entendidos comunicativos ocorrerem.

Em 25 de janeiro de 1995, o voo da Avianca AVA 052, que fazia a rota entre Bogotá e Nova Iorque, caiu em Cove Neck, a poucos quilômetros do Aeroporto Internacional John F. Kennedy. Não cabe detalhar o caso na íntegra neste momento, portanto, voltaremos nossa atenção ao desacordo comunicativo decorrente do

---

[7] Segundo Helmreich, Merritt e Wilhelm (1999), um evento patrocinado pela NASA em 1979 pode ser considerado o marco inaugural das pesquisas em CRM. Resource Management on the Flightdeck (COOPER; WHITE; LAUBER, 1980) compila os textos nos quais se identificou que a maioria dos fatores humanos envolvidos em acidentes aéreos era relativa a problemas de falhas de comunicações interpessoais, tomada de decisão e liderança.

uso pela tripulação do termo 'prioridade' em detrimento do termo 'emergência'.[8] Vale salientar que a cadeia de eventos que acarretou no acidente não se atribui inteiramente à falha de comunicação entre a tripulação e os controladores de voo. No entanto, segundo as investigações, houve ao menos vinte ocasiões, quando a comunicação entre as partes poderia ter evitado a fatalidade, na qual 73 pessoas morreram e 85 ficaram feridas.

A comunicação entre tripulações e equipes de controladores de voo é um elemento-chave para a coordenação de comportamentos entre os inúmeros indivíduos envolvidos na aviação civil. Portanto, devido a tal centralidade, não é de espantar a constatação de que alguns dos acidentes mais trágicos da aviação civil tenham apresentado como fatores cruciais na cadeia de ações inadequadas os desacordos e os mal-entendidos entre tripulações e controladores. Alguns acidentes notáveis se reportam, como a colisão entre os dois aviões Boing 747 no Aeroporto de Los Rodeos, em Tenerife, no dia 27 de março de 1977, considerado o acidente com maior número de vítimas da aviação civil (583 pessoas morreram e 61 ficaram feridas). Em uma ocasião de tráfego aéreo intensificado devido ao fechamento do Aeroporto de Gran Canária, em Las Palmas, o intenso nevoeiro e a comunicação precária entre tripulações e controladores de voo de Los Rodeos, acarretada tanto por problemas na compreensão linguística entre os controladores e a tripulação do voo PAA 1736 da empresa norte-americana PanAm, quanto por ruídos causados por interferências na comunicação entre os controladores e a tripulação do voo KLM 4805 da empresa holandesa KLM, foram elementos fundamentais para que as duas aeronaves colidissem, enquanto o avião da Pan Am taxiava e o da KLM decolava.

É possível notar algumas semelhanças entre a colisão de Tenerife e o acidente do voo AVA 052 que extrapolam o âmbito linguístico dos desentendidos fatais. Em primeiro lugar, há a óbvia barreira sociocultural entre as diferentes tripulações e os controladores de voo. Em ambos casos, tanto pilotos como equipes se encontravam em situações limítrofes de operação causadas pelo intenso tráfego aéreo resultante de eventos externos à comunicação entre as partes. Dessa forma, o voo da Avianca foi levado a fazer uma tentativa de pouso no Aeroporto J. F. Kennedy mesmo estando sob condições de visibilidade mínimas devido ao mau tempo. Essa decisão acabou por impossibilitar o pouso no aeroporto alternativo, na cidade de Boston, e acarretou um consumo de combustível precioso, visto que, ao ser redirecionado para uma nova tentativa de pouso, o avião esgotou seu combustível. No caso de Tenerife, não só o comandante ignorou o

---

[8] Para maiores detalhes sobre esse caso do ponto de vista da Pragmática para a comunicação organizacional, ver Godoi e Ribeiro (2006); para detalhes sobre as questões linguísticas envolvidas no acidente, ver Alderson (2009).

comentário do engenheiro de voo e decolou sem ter recebido a autorização da torre de controle, como também a tripulação da Pan Am taxiava em uma pista não autorizada pelos controladores. Em trabalhos como os de Cookson (2009, p. 221), temos acesso à investigação dos fatores de dois acidentes aéreos (um deles é o de Tenerife), entre os quais os fatores linguísticos são apontados como decisivos para as consequências. No entanto, o autor adverte que os acidentes ocorreram: "como resultado de múltiplos fatores causais, muitos dos quais eram não linguísticos. Além disso, o estresse e a fadiga desempenharam um papel decisivo no agravamento dos fatores linguísticos em cada acidente" (trad. nossa).

Situações como as descritas levaram a International Civil Aviation Organization (ICAO) a recomendar expressamente a padronização do inglês utilizado tanto por pilotos, quanto por controladores de voo em voos internacionais. O chamado DOC 9835 (ICAO; 2004) traz recomendações para a capacitação e avaliação de tripulações e controladores de voo quanto à proficiência do inglês técnico para a aviação. Porém, as situações de alto risco vão muito além dos simples mal-entendidos linguísticos. Cabe questionar o que acontece com a cognição dos indivíduos envolvidos na gestão de uma situação de alto risco, quando a mente está ocupada também com questões externas à crise em questão (verbais, socioculturais, hierárquicas). Além disso, é bem provável que muitos fatores externos aos processos de comunicação entre controladores e tripulações possam ter interferido decisivamente nas tomadas de decisão dos envolvidos e ter sido potenciais gatilhos cognitivos para o mau desempenho comunicativo durante a coordenação do trabalho em equipe.

Afinal, será que os contextos, nos quais estavam imersos controladores e a tripulação do voo AVA 052, não eram evidências apropriadas da emergência? E, contextualmente, será que os pedidos por prioridade no pouso da tripulação, que aparentemente julgou a comunicação como suficientemente clara, significavam, de fato, uma emergência para os controladores em terra? Parece possível apontar fatores pragmáticos envolvidos não só nas diferenças socioculturais relativas ao uso das expressões em questão (afinal, pode ser o caso de que solicitar prioridade implique um indicativo de emergência). As gravações da caixa-preta nos levam a supor também que um possível distanciamento hierárquico emergiu da relação interativa entre tripulação e controladores. Dessa maneira, embora reconheçamos a importância da preocupação dos órgãos reguladores da aviação civil quanto à competência comunicativa entre as partes envolvidas em voos internacionais, é muito válido lembrar que, além das demandas linguísticas e socioculturais, ela também envolve as demandas cognitivas de cada um dos indivíduos que participam na interação.

Assim, questões sociais são facilmente reconhecíveis no cerne dos desacordos que decorrem dos mal-entendidos. Porém, não há como ignorarmos que as diferentes expectativas de relevância frente ao mundo são fatores que, embora alimentados pela experiência interativa e cultural, remetem à cognição individual. Se é assim, surgem algumas perguntas: que fatores cognitivos estão envolvidos na emergência da polidez negativa em situações que demandam a gestão urgente de uma crise? Se a comunicação é naturalmente ambígua e indireta, e se essa característica conduz a eventos malsucedidos de comunicação, é possível mitigar a indiretividade pragmática em atos comunicativos que demandam tomadas urgentes de decisão?

Embora não tenhamos a pretensão de responder a essas questões neste texto, é necessário enfatizar que a percepção do risco e a percepção da interação comunicativa são pontos peculiarmente interessantes, visto que a percepção humana não é "cognitivamente cega". Muito pelo contrário: ela é guiada pelas nossas próprias expectativas de relevância (SPERBER; WILSON, 1995), o que inevitavelmente conduz a disparidades comunicativas, que, obviamente, precisam ser evitadas em situações de risco. No entanto, a comunicação humana também parece conter uma resposta satisfatória no que diz respeito à mitigação dos efeitos decorrentes de tal subjetivação inerente à comunicação. Isso porque é pela comunicação que se faz possível a educação da atenção para determinados fatores relevantes que talvez não estejam à disposição de indivíduos potencialmente envolvidos nas questões de segurança.

Outra questão que também parece importante apontar é a resposta individual frente ao imponderável. Afinal, os fatores que levam a tomadas de decisões inadequadas em situações de risco não são desvinculados de fatores externos à comunicação e interação pessoal. Falhas inesperadas em aeronaves, por exemplo, normalmente podem ser contornadas com reações apropriadas. No entanto, a própria percepção do problema enfrentado pela tripulação da aeronave é incerta, dado que é dependente do conhecimento prévio dos procedimentos adequados tanto para a interpretação do problema quanto para as cadeias de tomadas de decisões subsequentes.

CONSIDERAÇÕES FINAIS

Ao longo do nosso texto, procuramos demonstrar que a pragmática possui valor intrínseco para os estudos da Comunicação Organizacional, sendo uma disciplina da linguística dedicada precisamente ao funcionamento da linguagem em uso, em seus múltiplos contextos. Apresentamos a Teoria da Polidez e os diferentes enfoques que envolvem o fenômeno da polidez na Comunicação Organizacional. Notamos que a perspectiva social de estudos mostrou-se muito mais adequada do que os tradicionais enfoques computacionais, apropriados para entender e desenvolver a comunicação entre máquinas. Pudemos observar também que as tendências recentes enfatizam a necessidade de compreensão de fatores cognitivos na efetivação da linguagem em uso em âmbitos organizacionais.

A ocorrência conjunta de fatores sociais e cognitivos na comunicação aponta claramente para a necessidade de criar sinergia entre duas frentes teóricas dedicadas ao estudo desses fenômenos. A perspectiva pragmática retoma e aborda o papel humano na comunicação, reconhecendo a participação de cada um dos comunicadores enquanto indivíduos com desejos, emoções e medos, como pessoas, e não como máquinas operadoras de outras máquinas.

REFERÊNCIAS BIBLIOGRÁFICAS

ALDERSON, J. C. Air safety, language assessment policy and policy implementation: The case of aviation English. *Annual Review of Applied Linguistics*, 2009.

ARUNDALE, R. Face as relational and interactional: A communication framework for research on face, facework, and politeness. *Journal of Politeness Research*, v. 2, p. 193-126, 2006.

AUER, P. Context and contextualization. In: VERSCHUEREN, J.; ÖSTMAN, (Eds.). *Key notions in pragmatics.* Amsterdam: John Benjamins, 2009. p. 86-101,

BONNEFON, J.-F.; FEENEY, A.; NEYS, W.D. The Risk of Polite Misunderstandings. *Current Directions in Psychological Science*, v. 20, p. 321-324, 2011.

BROWN, G.; YULE, G. *Teaching the spoken language.* Cambridge: CUP, 1983.

BROWN, P.; LEVINSON, S. C. *Politeness.* Some universals in language usage. Cambridge: CUP. 1987. (Originally published as Universals in language usage: politeness phenomenon). In: GOODY, E. (Ed.). *Questions and politeness:* strategies in social interaction. New York: CUP, 1978.

COOKSON, S. Zagreb and Tenerife: Airline accidents involving linguistic factors. *Australian Review of Applied Linguistics*, v. 32, nº 3, p. 221-224, 2009.

CULPEPER, J. Reflections on impoliteness, relational work and power. In: BOUSFIELD, D.; LOCHER, M. (Eds.). *Impoliteness in language.* Berlin: Mouton de Gruyter, 2008. p. 17-44.

————. *Impoliteness.* Cambridge University Press, 2011.

CUSHING, S. *Fatal words:* Communication clashes and aircraft crashes. Chicago: University of Chicago Press, 1997.

DONTCHEVA-NAVRATILOVA, O. Politeness Strategies in Institutional Speech Acts. *Discourse and Interaction 1*. Brno Seminar on Linguistic Studies in English: Proceedings. Masaryk University in Brno, 2005.

EELEN, G. *A critique of politeness theories*. Manchester: St. Jerome, 2001.

ELETROBRAS/ELETROSUL. *Norma de Gestão Empresarial NG-058* – Conduta nas Relações do Trabalho. Versão: 01 de 25/09/2001. Disponível em: <http://www.eletrosul.gov.br/home/conteudo.php?cd=975>. Acesso em: 8 jan. 2013.

GODOI, E.; RIBEIRO, A. Visão da polidez linguística na comunicação organizacional em situação de crise. *Revista Latinoamericana de Ciencias de la Comunicación*, v. III, p. 56-65, 2006.

HARRIS, S. Being politically impolite: Extending politeness theory to adversarial political discourse. *Discourse and Society*, v. 12, nº 4, p. 451-472, 2001.

HAUGH, M. Anticipated versus inferred politeness. *Multilingua*, v. 22, p. 397-413, 2003.

HELMREICH, R. L.; MERRITT, A. C.; WILHELM, J. A. The evolution of crew resource management training in commercial aviation. *The International Journal of Aviation Psychology*, v. 9, p. 19-32, 1999.

INTERNATIONAL CIVIL AVIATION ORGANIZATION. Manual on the Implementation of ICAO Language Proficiency Requirements. Doc 9835. Montreal: ICAO, 2004.

JAKOBSON, R. *Linguística e comunicação*. São Paulo: Cultrix, 2002.

JAMESON, J. K. Negotiating autonomy and connection through politeness: A dialectical approach to organizational conflict management. *Western Journal of Communication*, v. 68, nº 3, p. 257-277, 2004.

IDE, S. Formal forms and discernment: two neglected aspects of universals of linguistic politeness. *Multilingua*, v. 8, nº 2/3, p. 223-248, 1989.

KAKAVÁ, C. *Negotiation of disagreement by Greeks in conversations and classroom discourse*. Doctoral Thesis, Department of Linguistis, Georgetown University, 1993.

KRIFKA, M.; MARTENS, S.; SCHWARZ, F. Group interaction in the cockpit: some linguistic factors. In: DIETRICH, R. (Ed.), *Communication in High Risk Environments*, Hamburg, p. 75-101, 2003.

MAO, L. R. Beyond politeness theory: `face' revisited and renewed. *Journal of Pragmatics*, v. 21, p. 451-486, 1994.

MARRA, M. Desagreeing without been desagreeble: Negotiating workplace communities as an outsider. *Journal of Pragmatics*, v. 44, p. 1580-1590, 2012.

MATSUMOTO, Y. Reexamination of the universality of face: politeness phenomena in Japanese. *Journal of Pragmatics*, v. 12, p. 403-426, 1988.

MILLS, S. *Gender and politeness*. Cambridge: Cambridge University Press, 2003.

———. Impoliteness in a cultural context. *Journal of Pragmatics*, v. 41, p. 1047-1060, 2009.

SCHIFFRIN, D. Jewish argument as sociability. *Language in Society*, v. 13, p. 311-335, 1984.

SHANNON, C. E.; WEAVER, W. *The mathematical theory of communication*. Urbana: University of Illinois Press, 1949.

SIFANOU, M. Disagreements, face and politeness. *Journal of Pragmatics*, v. 44, p. 1549-1553, 2012.

SPENCER-OATEY, H. Face, (im)politeness and rapport. In: ———. (Ed.) *Culturally Speaking*. 2. ed. London: Continuum, 2008. p. 11-47.

SPERBER, D.; WILSON, D. *Relevance:* communication and cognition. Oxford: Basil Blackwell, 1986/1995.

STEPHAN, E.; LIBERMAN, N.; TROPE, Y. Politeness and psychological distance: A construal level perspective. *Journal of Personality and Social Psychology*, v. 98, nº 2, p. 268-280, 2010.

TERCIOTII, S. H.; MACARENCO, I. *Comunicação empresarial na prática*. São Paulo: Saraiva, 2009.

TERKOURAFI, M. Beyond the micro-level in politeness research. *Journal of Politeness Research*, p. 237-262, 2005.

US AIRWAYS. *Contrato de transporte*. Disponível em: <http://www.usairways.com/pt-BR/travel_information/customers_first/carriage2.html>. Acesso em: 5 jan. 2013.

WASSON, Ch. Caution and Consensus in American Business Meeting. *Pragmatics*, v. 10, nº 4, p. 457-481, 2000.

WATZLAWICK, P.; BEAVIN, J. B.; JACKSON, D. *Pragmatics of human communication*. A study of interactional patterns, pathologies, and paradoxes. London: Norton, 1967.

<http://desenhoarq.wordpress.com/2008/11/12/pior-que-estragada>

2 O *E-MAIL* CORPORATIVO – COMUNICAÇÃO FORMAL E RESPONSÁVEL

Ana Shirley França[1]

---

[1] **Ana Shirley França.** Administradora, com formação em Letras, mestre em Administração e Política da Educação Superior – UERJ. Mestre em Psicopedagogia – Havana. Prof. Titular da Universidade Estácio de Sá, RJ. Editora Científica – Autora de livros na área de Comunicação Empresarial e Formação Profissional.

INTRODUÇÃO

O e-mail foi um veículo de mensagem criado aproximadamente no ano de 1960, devido ao desenvolvimento da microinformática e ao avanço da tecnologia, tendo na Internet o grande espaço de circulação virtual. Assim, atualmente, o e-mail passou a ser uma ferramenta essencial de comunicação da geração atual, principalmente, no ambiente corporativo, para encurtar espaços e diminuir tempo.

Deve-se mencionar que, apesar de o e-mail estar no ambiente virtual, quando usado no espaço das corporações, como veículo de mensagem corporativa, ele se torna obrigatório na linguagem formal, em que a correção e clareza de sentido e a objetividade sejam respeitadas e utilizadas por todos. É importante revelar os níveis da língua em que o e-mail deve ser redigido, dependendo da situação social e do contexto em que será veiculado.

Além da adequação da linguagem e do cuidado com ideias e escolha de palavras que irão transmitir a mensagem, também é necessário cumprir certos procedimentos de elaboração e cuidar, sobretudo, da apresentação lógica.

Também, legalmente, o e-mail passou a ser reconhecido como documento de prova, evidência comprovada, quando com certificação digital.

Assim, este artigo pretende apresentar aspectos relevantes sobre a comunicação corporativa, e-mail, de forma a sinalizar alguns cuidados e procedimentos, com vistas a destacar sua formalidade e a responsabilidade do emissor diante da elaboração do documento, de forma a alcançar maior efetividade comunicativa.

2.1 O *internetês* e a linguagem das abreviações

Em português ou em qualquer outra língua, a internet muda o hábito dos meios de comunicação. O e-mail, como forma institucionalizada da interação entre pessoas, via contexto digital, não ficou imune às mudanças.

Novas palavras foram criadas, muitos estrangeirismos utilizados e, principalmente, o método de escrever por abreviações. Essa linguagem diferenciada que muda comportamentos na escrita se chama de *Internetês,* e sua principal característica é a linguagem reduzida, com palavras encurtadas ao prazer de quem escreve: as abreviações (FRANÇA, 2013).

Desde o advento do texto escrito, a prática das abreviações (em sentido amplo) se vem incrementando. No passado, elas podiam ser consideradas mais ou menos estáveis e comuns, ou mais ou menos episódicas (abreviações). Assim pode-se afirmar que **abreviaturas** e **abreviações** são conceitos diferentes, a saber:

> **Abreviaturas:** são reduções estáveis das palavras e expressões, previamente determinadas pela gramática.

> **Abreviações:** são reduções instáveis de palavras e expressões, que cada usuário da língua articula à própria escolha, dependendo de contextos da comunicação.

As abreviações são muito utilizadas, atualmente, na linguagem da Internet, nos *chats*, no MSN, nas comunicações informais via web. Contudo, não devem ser usadas em textos formais, como é o caso do e-mail corporativo, devido a sua instabilidade de escrita, causando incompreensão da mensagem.

2.2 Níveis da língua e a produção do e-mail

Quando se realiza a comunicação, é fundamental que se tenha a clareza da situação social em que a mensagem será veiculada. Em relação ao e-mail, como comunicação virtual, não é diferente. Há momentos em que o texto deve ser informal, quando se está no ambiente da amizade e do coleguismo. Porém, em nível empresarial, todo e-mail deve ser formal. A escolha acertada da linguagem e sua adequação à situação envolvida facilitarão o alcance do êxito desejado na comunicação (ORLANDI, 2013).

2.2.1 Alguns tipos de linguagem

Nível familiar e popular – É utilizado em situações de informalidade, em família ou entre amigos (os "migos"). Emprega um vocabulário simples, pouco variado e construções de frase igualmente simplificadas, revelando emoções, afeto. Apresenta expressões e reduções de palavras que se denominam de abreviações, a fim de facilitar a escrita, como exemplo: «tive», «prá», "vc". Nesse nível, a linguagem é chamada de *internetês*, e sua principal característica é a informalidade, o uso descuidado (e-mails, SMS).

O descuido na linguagem verbal se caracteriza pela falta de preocupação com a correção, na hora da escrita. A incorreção gramatical, as gírias e palavras socialmente pejorativas aparecem de forma constante na linguagem descuidada. Quando no e-mail usa-se uma frase como: "Aí cara, tudo belê? Valeu a força que tu me deu na prova. Fuuuuiii", emprega-se a linguagem descuidada.

Contudo, é importante assinalar que nem sempre o nível popular é descuidado, e nem sempre aparecem erros e mau uso da língua.

28 Comunicação empresarial • França

Nível cuidado ou padrão – É o que escolhemos em ocasiões formais ou técnicas (comunicações empresariais, discursos políticos, artigos, documentos em geral etc.), quando se pretende causar a melhor impressão possível, clareza nas ideias, informações precisas. Este nível se caracteriza por um vocabulário mais selecionado e variado e frases mais elaboradas, com correção gramatical e semântica.

Há ainda o nível literário, cujo uso não cabe no ambiente das organizações.

2.2.2 A escolha de palavras e a clareza e objetividade no texto

O objetivo de quem escreve um texto corporativo é sempre transmitir seu pensamento a alguém, por meio de ideias e informações; busca-se convencer que a afirmação é relevante, que realmente deve ser lida e receber atenção. Dessa forma, a clareza é, portanto, o atributo fundamental de um texto, ao qual todas as normas e regras devem se subordinar.

A clareza no texto deve ser a preocupação maior de quem escreve corporativamente. Cabe também notar que se trata, por assim dizer, de uma maximização condicionada: uma redação clara não pode ser obtida nem pela simplificação excessiva, nem pelo estilo rebuscado, com palavras nobres de difícel compreensão. É preciso uma boa e completa exposição dos elementos, em que se baseiam as ideias apresentadas. É da essência do texto empresarial informar e persuadir. Por outro lado, um texto longo e cansativo como e-mail, carregado de informações supérfluas, provoca a má vontade no receptor.

É necessário conciliar dois objetivos: um texto corporativo bem redigido tanto deve ser claro na exposição de ideias, como completo nas informações a serem veiculadas. Cabe ao autor procurar estabelecer o meio-termo mais apropriado.

Um texto claro deve ser bem escrito, procurando-se evitar erros comuns na gramática da língua e no manejo de sentido das palavras. Ao mesmo tempo, deve ser bem estruturado e desenvolvido, com sua estruturação organizada, com informações completas e relacionadas ao assunto tratado.

Algumas qualidades de estilo que o texto deve cumprir:

a) **Unidade e concisão** – Uma só ideia predominante e direta.

b) **Coerência** – Relação entre essa ideia predominante e as secundárias.

c) **Objetividade e clareza** – Transmissão completa da ideia; comunicação imediata sem redundâncias.

Além das qualidades apresentadas, é preciso ter cuidado com os aspectos formais da língua portuguesa. Ao final da produção do texto ou de qualquer outro produto escrito, deve-se proceder à **Revisão**, observando-se os aspectos de estilo, principalmente, a sequência lógica das ideias e a correção gramatical (FRANÇA, 2013).

Estratégias para tornar o texto mais conciso:
- Modificar a redação, tornando-a mais direta.
- Eliminar termos desnecessários.
- Empregar termos menores.
- Evitar repetição de palavras.

Evitar no texto corporativo:
- Tautologia (dizer o mesmo duas vezes, com palavras diferentes).
- Circunlóquio (utilização de expressão pouco direta, onde se foge da abordagem principal; fuga à objetividade. Prolixidade).
- Adjetivos desnecessários.
- Advérbios desnecessários.
- Linguagem pessoal.

Outros aspectos a serem cuidados:
- Utilizar sinônimos, para evitar repetição de palavras.
- Não construir parágrafos muito longos.
- Padronizar, quando houver diferentes opções.
- Evitar o uso de termo estrangeiro, quando houver o correspondente em português – a não ser que seja uma expressão técnica ou corporativa.
- Evitar cacofonia (palavras combinadas, entre si, que tragam má sonoridade e duplo sentido).
- Evitar rimas.
- Evitar o uso de termos desconhecidos ou requintados (pouco empregados).
- Evitar hipérbatos (inversões).
- Cuidar da pontuação, pois ela muda o significado do texto.

Recomendações finais sobre a redação:
- Prefira as frases curtas.
- Escolha palavras curtas e simples.
- Ponha as sentenças na forma positiva.

30 Comunicação empresarial • França

- Opte pela voz ativa.
- Escolha termos específicos.
- Use as palavras concretas.
- Restrinja a entrada de adjetivos.
- Prefira frases com o menor número de palavras.
- Seja conciso.
- Busque produzir a frase harmoniosa.
- Seja claro.
- Teste a legibilidade do texto, quando for um e-mail de grande importância pessoal ou profissional.

(SQUARISI; SALVADOR, 2005)

2.3 Características da redação do e-mail e procedimentos a seguir

Quanto às características de redação de um bom e-mail, existem algumas determinações a seguir:

1º **Produza e-mails curtos** – Deixe seu e-mail tão curto quanto possível. Escrever um e-mail longo é o caminho para que não se leia seu texto e você não receba resposta. Não passe de dois parágrafos, de forma que não seja necessário "rolar tela".

2º **Limite o e-mail apenas um assunto** – Escreva um e-mail que fale sobre apenas um assunto de interesse do destinatário. Se deseja uma resposta, é preciso fazer com que essa seja uma tarefa fácil para a outra pessoa compreender e responder. Caso necessite falar sobre vários assuntos, faça tantos e-mails quantos os assuntos, mas sempre separados e com informações pertinentes ao assunto.

3º **Escreva e-mails claros e precisos** – Tenha certeza de que seu e-mail é claro, direto e fácil de entender. Isso significa evitar abreviações, tomar cuidado com a gramática, escolher palavras formais, mas de uso comum. Tomar cuidados com esses detalhes pode fazer grande diferença, principalmente, quando se está redigindo em nível profissional e no ambiente empresarial.

Observações:
- O conhecimento que você tem não é o mesmo que seu destinatário possui, por isso, antes de escrever o e-mail, coloque-se no lugar do outro – pense sobre a melhor forma de explicar o assunto para alguém que não está tão familiarizado com aquelas informações.

- A resposta do e-mail por meio do recurso "Responder" deve manter o texto original; isso ajuda a não se perder na resposta e a manter a clareza das ideias que devem estar presentes no e-mail.

4º **Informe exatamente o desejado e necessário: não permita que faltem informações** – Os assuntos de e-mails são vários, e cada qual requer um conjunto de informações básicas e necessárias à compreensão do destinatário ou receptor. Assim, cuide que todas as informações indispensáveis estejam no e-mail, sem repetições e excessos.

5º **Identifique o assunto do e-mail, após escrever o texto** – Escreva a mensagem para saber exatamente de que irá tratar como mais importante, *só* depois volte e escreva o assunto do e-mail. Isso evita que se perca o valor persuasivo do Assunto, pois, muitas vezes, é a palavra ou expressão usada que motivará o receptor a ler a mensagem. Devem ser usadas palavras-chave, aquelas que mais contenham a força expressiva do que se diz no e-mail.

6º **Escreva o(s) endereço(s) do(s) destinatário(s) por último** – Ao esperar até o último momento para escrever o destinatário, previne-se o embaraço de enviar um e-mail pela metade ou de falar algo não pertinente ou, ainda, sem revisar o texto.

7º **Cuide dos termos indispensáveis do e-mail** – O e-mail necessita ter vocativo (a evocação do destinatário – Prezado Senhor, Caro colega etc.); texto propriamente dito; saudação; e assinatura (quem envia o e-mail). No caso de e--mails corporativos, as assinaturas devem conter o nome e o cargo do remetente, o nome da empresa, o endereço e o telefone de contato empresarial.

8º **Use a 1ª pessoa do plural** – Nós – quando redigir uma mensagem em nome da empresa. Neste caso, o remetente não é unitário, mas sim coletivo, fala em nome de toda uma corporação.

Um e-mail incompreensível:

> Olá, Bom dia!
>
> Escrevo para lembrar sobre o e-mail que passei anteriormente, do assunto de seu interesse. Espero que já tenha resolvido aquilo e já esteja na busca de solução do conversado por nós em outra ocasião.
>
> Seu colega de trabalho

Impossível saber do que se trata e quem enviou. O e-mail é quase um código a decifrar, devido ao uso de palavras indefinidas e demonstrativas sem referências: "no outro dia", "aquilo", "outro", "seu colega de trabalho".

Outra informação interessante é sobre as saudações: Bom dia, Boa tarde e Boa noite. Se o e-mail é uma correspondência digital, não se pode prever quando e em que horário o receptor irá ler. Por isso, não é recomendável esse tipo de saudação, até porque, por seu valor dinâmico, o e-mail requer respostas rápidas, e quando se responde muito tempo depois, demonstra-se ineficiência.

O e-mail reconstruído:

> Prezado João Francisco,
>
> Escrevo para lembrá-lo do e-mail anterior, enviado por mim, sobre o tema "Fim do Horário de Verão", pois é de interesse mútuo para nossos setores. Espero que já tenha um posicionamento da Direção a respeito e já esteja com informações sobre como iremos proceder em relação à implantação do novo horário.
>
> Assim, aguardo informações.
>
> Miguel Arcanjo
>
> Chefe do setor de Manutenção

2.4 O e-mail – um documento oficial

O e-mail como forma de comunicação é aceito como prova documental em diversos segmentos da sociedade civil, por órgãos públicos, pela área de proteção ao consumidor, comercial e até para fins jurídicos. Por conta disso, o Congresso Nacional aprovou o Projeto de Lei nº 6.693/06 que reconhece o e-mail em processos do Código Civil, desde que certificados digitalmente. O documento certificado garante a autenticidade e assegura ao e-mail, enquanto comunicação, a respeitabilidade e a responsabilidade necessárias a uma comprovação.

Segundo a deputada federal Sandra Rosado (PSB-RN), autora do projeto, o e-mail desburocratiza os processos civis e democratiza o acesso à Justiça. O projeto de lei aprovado estipula que o e-mail serve como prova documental pelo Código de Processo Civil, assim como já ocorre com o telegrama e o radiograma, constituindo, então, mais uma evidência de prova para a argumentação nas instâncias jurídicas.

As novas relações sociais decorrentes da utilização da internet exigem a adequação do ambiente jurídico, conforme afirma a deputada Sandra Rosada, autora da lei: "Se a legislação estabelece a autenticidade de telegramas, deve prever a mesma prerrogativa para o e-mail."

Contudo, é preciso o certificado digital do e-mail. Para possuí-lo, é preciso fazer contato com instituições autorizadas, como a Caixa Econômica Federal ou a OAB, e realizar o cadastramento. O certificado tem validade de um a três anos, e exige pagamento de valor variado, dependendo do tipo de certificação a ser realizada. Ele pode ser instalado em uma máquina ou em um cartão magnético, caso haja necessidade de portá-lo em outro ambiente.

O certificado digital é como se fosse um "cartório virtual", onde as pessoas podem "assinar" digitalmente seus documentos e enviá-lo com valor legal. O processo é baseado em criptografia, sendo os dados "embaralhados" e decodificados por um software, o que aumenta a segurança e atribui a autenticidade.

O Supremo Tribunal Federal já utiliza o certificado digital. Segurança, rapidez e agilidade são apontadas como as maiores vantagens do sistema. A pessoa que receber a mensagem certificada digitalmente terá certeza de que foi enviada pelo remetente que foi identificado. Também haverá legitimidade no documento, com a garantia de que a mensagem não foi alterada durante o processo de envio e recebimento.

Como comunicação cotidiana, o e-mail tornou-se um documento legal, passando a ter credibilidade e formalidade no ambiente empresarial e em vários setores da sociedade. Com isso, remetentes e destinatários tomam para si maior responsabilidade no momento de redigir um texto e torná-lo mensagem em seu nome ou de uma instituição.

2.5 A responsabilidade e a ética na elaboração de e-mails

Toda pessoa que realiza uma comunicação, seja formal ou informal, coloca em ação um conjunto de valores, conhecimentos e habilidades que interferem no seu ato de expressão escrita (KERBRAT-ORECCHIONI, 2006).

Cada pessoa, como indivíduo, constrói seu próprio repertório, em função de sua existência: nível de escolaridade, conhecimentos adquiridos na vida, tipo de formação, família a que pertence, valores morais, experiências de vida, grau de letramento, entre outros. É um conjunto de fatores que irão aflorar, quando se realiza qualquer tipo de expressão escrita.

Sabe-se que não há neutralidade na manifestação do que se expressa. Barthes (1983, p. 13) afirma que "não há neutralidade na expressão humana", já que se é impregnado pelo contexto histórico, ideológico e pelas vivências. Assim, a originalidade da escrita não existe, já que é marcada por manifestações intertextuais e polifônicas.

Quando se vai redigir uma comunicação profissional, por mais difícil que seja a imparcialidade, deve-se permitir na expressão a marca de aspectos relacionados à vivência técnica e aos valores morais mais comprometidos com a ética profissional, já que é dela a base da construção da vida corporativa. Por

34 Comunicação empresarial • França

isso, além do cuidado com a adequação da linguagem e a correção na utilização da língua, é preciso ter pensamento focado na responsabilidade e postura ética em relação às mensagens que serão veiculadas.

Qualquer atividade profissional deve ser exercida com zelo, diligência e honestidade, como cidadão comprometido com a sociedade, com os colegas e com a classe profissional a que pertença, e não há dúvida de que a comunicação produzida entre pessoas é um dos veículos dessas atitudes e formas de agir.

2.6 O juízo de autoridade

Quando se recebe a delegação para realizar uma comunicação em nome da empresa, recebe-se, inegavelmente, um voto de confiança e de reconhecimento profissional. Aquele que solicita a elaboração de uma mensagem já julgou as habilidades, as competências e os conhecimentos que aquele que a representará para realizar a comunicação em nome da organização possui, tendo em vista a busca de eficácia e efetividade.

Nesta lógica, todos que emitem mensagens em nome da empresa trazem contribuições. Por essa razão, é preciso ter cuidado e zelo quando se representa a empresa em qualquer comunicação. Os e-mails internos ou externos não são diferentes, exigem compromisso ético e responsável, quando se vai redigir.

O mesmo acontece na área de gestão: a relação via e-mail entre o gestor e seus colaboradores envolve postura formal, mas polida e humana, na questão do trato diário da informação.

2.7 O e-mail e seu caráter comercial

É excelente a utilização do e-mail para fins comerciais, principalmente devido à grande quantidade de destinatários que se pode alcançar por meio de único disparo.

Os e-mails comerciais buscam a persuasão do público de leitores de e-mails na internet. Geralmente, para alcançar seus objetivos, utilizam a fusão das linguagens visual e verbal, com o intuito de criar uma ação de convencimento mais efetiva e de fidelização.

Há programas especializados no envio de e-mails que, se não cuidados e bem direcionados, podem se tornar comunicação indesejável e contrária aos propósitos da empresa.

Esses e-mails enviados em série constituem o *spam*, termo usado para referir--se aos e-mails não solicitados que, geralmente, são enviados para um grande número de pessoas. Quando o conteúdo é exclusivamente comercial, esse tipo de mensagem é chamado de UCE (do inglês *Unsolicited Commercial E-mail*).

Com isso, o combate ao *spam* e o desenvolvimento de mecanismos de prevenção e proteção tornaram-se serviços de destaque oferecidos por provedores de acesso e empresas fabricantes de *software/hardware*.(www.antispam.br).

2.8 Os cuidados no uso do maior canal corporativo

Sabe-se que o e-mail é um dos canais de comunicação tecnológico mais utilizado no ambiente organizacional em razão disso exigem algumas reflexões sobre o seu uso e sua produção, como se demonstrou.

Deve-se mencionar que, apesar do e-mail estar no ambiente virtual, quando usado no espaço das corporações, como veículo de mensagem corporativa, ele se torna obrigatório na linguagem formal; não uma linguagem rebuscada e de difícil compreensão, mas clara, precisa, objetiva e com correção.

Ainda, de grande importância, é o fato de que o receprtor detém conhecimentos e informações diferenciadas e interesses distintos. Aquilo que o emissor conhece e vivencia, não é o mesmo que o receptor detém, por isso, antes de escrever o e-mail, procure saber a quem se destina a mensagem.

Assim, pode-se recomendar o uso do e-mail nas seguintes situações: alcançar várias pessoas simultaneamente, oferecer flexibilidade a seus leitores; economizar o tempo dos leitores, dar notícias boas ou neutras, documentar a conversa e permitir seu rastreamento e distribuir documentos.

Contudo, não deve se usar e-mail como canal, quando se: está nervoso ou em forte discordância, precisa divulgar informação negativa ou sensível, deseja interagir, ver ou ouvir sua audiência ou receptor, necessita de uma resposta, busca privacidade e confidencialidade.

No caso do e-mail não ser o canal mais indicado, deve-se buscar outras formas de contato, principalmente, os mais presenciais ou de tecnologia em tempo real. É importante lembrar: conhecer o receptor, a audiência, é fundamental para a escolha acertada de um canal para a mensagem.

CONSIDERAÇÕES FINAIS

No atual momento de comunicação nas corporações, o e-mail se torna um dos documentos mais utilizados pelas pessoas, tanto na informação interna da empresa, como externamente, estabelecendo relações com outros participantes da cadeia comunicativa.

Tanto nas interações com colaboradores intra ou extraempresa, o e-mail é uma correspondência formal. A representatividade que o emissor detém, em função da responsabilidade recebida pela gestão da organização, faz com quem as pessoas que se comunicam em nome de uma organização assumam para si conduta ética na elaboração de documentos e correspondências em geral.

Ao mesmo tempo, a correção do texto e a linguagem clara são aspectos indispensáveis à efetiva produção da comunicação. Nestes aspectos, a adequação da linguagem surge como algo fundamental, no que diz respeito ao repertório do destinatário, bem como à melhor escolha de palavras a serem usadas.

A formalidade do documento e-mail ganhou realce com a nova lei que garante reconhecimento de prova, quando ele recebe assinatura digital, devidamente registrada.

Assim, o e-mail passa a se caracterizar como uma comunicação formal e responsável no ambiente das organizações, eliminando-se a visão popular e leiga de que todo e-mail é informal e se podem utilizar expressões vulgares, abreviadas e descuidadas.

REFERÊNCIAS

BARTHES, Roland. *Elementos de semiologia*. São Paulo: Cultrix, 1983.

BRASIL. Câmara dos Deputados. Projeto de Lei nº 6.693, de 2006, da deputada Sandra Rosado. Disponível em: <http://www.camara.gov.br/sileg/integras/379755.pdf>. Acesso em: 30 jan. 2013.

BRASIL. Câmara dos Deputados. Projeto reconhece e-mails como prova documental. Brasília, 9.6.2006. Disponível em: <http://www2.camara.leg.br/camaranoticias/noticias/CIENCIA-E--TECNOLOGIA/90096-PROPOSTA-RECONHECE-E-MAILS-COMO-PROVA-DOCUMEN-TAL.html>. Acesso em: 23 jan. 2013.

COMITÊ GESTOR DA INTERNET NO BRASIL. Núcleo de Informação e Coordenacão. *O que é Spam?* Disponível em: <http://www.antispam.br/conceito/>. Acesso em: 23 mar. 2013.

FRANÇA, Ana Shirley. *Comunicação nas empresas* – Teorias e práticas. São Paulo: Atlas, 2013.

KERBRAT-ORECCHIONI, Catherine. *Análise da conversação* – princípios e métodos. São Paulo: Parábola, 2006.

ORLANDI, Eni Puccinelli. *Língua e conhecimento linguístico* – para uma história das ideias no Brasil. São Paulo: Cortez, 2013.

SQUARISI, Dad; SALVADOR, Arlete. *A arte de escrever bem*. São Paulo: Contexto, 2005.

<http://pt.dreamstime.com/imagens-de-stock-royalty-free-um-homem-de-neg%C3%B3cios-irritado-dos-desenhos-animados-image25959579>

3 INFLUÊNCIAS DO ESTILO GERENCIAL NA COMUNICAÇÃO EMPRESARIAL

Wagner Siqueira[1]

---

[1] **Wagner Siqueira** é administrador pela EBAPE/FGV, autor de sete livros de gerência e de organização, membro da Academia Brasileira de Ciência da Administração, e presidente do CRA-RJ Conselho Regional de Administração RJ – gestão 2010 a 2014.

INTRODUÇÃO: COMPETÊNCIA INTERPESSOAL E COMUNICAÇÃO

É possível que, como a grande maioria de seus colegas de trabalho, você também atribua à comunicação deficiente um lugar de destaque entre as causas ou obstáculos que impedem sua organização de alcançar níveis mais elevados de resultados.

É este o diagnóstico praticamente unânime, segundo as mais diferentes pesquisas que permeiam as realidades organizacionais, envolvendo dirigentes, estudiosos e operadores empresariais em todo o mundo.

Acontece que a maioria também pode estar errada. O equívoco está em confundir efeito e causa. A comunicação deficiente é sintoma, cuja origem está no estilo gerencial que os executivos, gerentes, supervisores e colegas praticam ao se relacionarem uns com os outros, com os colaboradores, pares e superiores.

De fato, o que acontece numa organização quando os seus integrantes concluem que o problema está na comunicação deficiente? Duas coisas, pelo menos: o número e a duração das reuniões, bem como o número de participantes delas, aumentam de imediato. Todos os membros da organização se tornam "reunintes", mas sem conseguirem tornar-se bons ouvintes e, menos ainda, comunicadores interpessoais, agravam o problema.

A outra consequência é a multiplicação do número de cópias e de destinatários de documentos; é quando talvez "se prove" a absoluta necessidade de máquinas copiadoras mais ágeis e poderosas.

Porém, a despeito de tais providências, a comunicação empresarial não melhorará. É que elas não ferem a essência do problema: o estilo gerencial dominante na organização. Cabe, então, perguntar: que pode o operador das organizações fazer para mudar ou aperfeiçoar o seu estilo gerencial?

Fico em três variáveis individuais que podem afetar diretamente o estilo gerencial e, por conseguinte, a comunicação empresarial. Essas variáveis são a prontidão para dizer (dar *feedback*), a prontidão para ouvir (receber *feedback*), e a competência pessoal para fazê-lo de forma a buscar a excelência de comunicação precisa e eficaz.

3.1 Como você vê o ser humano?

O clima de comunicação do gerente com sua equipe de trabalho não é determinado apenas pelas políticas e normas praticadas pela organização, mas também pela maneira, muitas vezes sutil e inconsciente, de como o gerente percebe o comportamento do ser humano na situação de trabalho individual ou coletivo.

- *Você já parou para refletir sobre a sua visão do ser humano?*
- *Qual é, em sua opinião, a essência do ser humano?*
- *É, por natureza, interessado ou interesseiro? Leal ou falso? Grato ou ingrato? Empenhado ou comodista? Trabalhador ou preguiçoso?*

São poucos os gerentes que chegam a formular com nitidez a maneira como veem as pessoas na situação de trabalho. Quando chamados a isso, eles adotam uma posição sobretudo contraditória. Muitos afirmam que as pessoas que cooperam com eles são responsáveis, enquanto as que competem com eles são oportunistas. Isso revela um preconceito, pois estabelece uma predisposição distinta para cada indivíduo e estratifica a dualidade e até a pluralidade da natureza humana.

No entanto, muito pelo contrário, *"a natureza humana é permanente e universal"*, como afirma com sabedoria Lévy-Strauss. Apenas reagimos de maneira diferente a estímulos apreendidos em decorrência de processos de socialização a que somos expostos nas muitas etapas de nossas vidas.

Talvez a maioria dos gerentes concorde com esta formulação, mas só uma ínfima minoria comporta-se de acordo com ela. É grande a defasagem entre o dizer e o fazer, a intenção e a ação, a teoria e a prática, os valores proclamados e os valores reais, a palavra e o gesto. E é exatamente aí que residem muitas distorções praticadas pelo gerente em interação com sua equipe.

Estou convencido de que muitas políticas e práticas adotadas nas organizações são conflitantes com a natureza humana. Na verdade, o importante não são tanto as práticas adotadas por uma organização, mas o conjunto de suposições ou de pressupostos que se adota sobre o comportamento do ser humano no trabalho. A forma de pensar condiciona significativamente o comportamento. A teoria, ou seja, o conjunto de concepções e de pressupostos sobre a vida tem uma importância decisiva na maneira como cada gerente percebe o mundo e assim se comporta. Mais do que tudo: se comunica.

Os gerentes são extremamente suscetíveis a reações emocionais não conscientizadas que interferem na sua ação como líderes de pessoas e de equipes, líderes de programas e tomadores de decisão.

O mundo dos negócios é avesso à expansão do profissional enquanto indivíduo e pessoa. Não raro, sufoca os sentimentos e os considera demonstrações de fraqueza ou de amadorismo ou, o que é pior, cada vez mais desumaniza as organizações e as transforma em verdadeiros feudos empresariais habitados por homens e mulheres sem alma.

O ser humano é racional, mas só é capaz de realizar-se em toda sua inteireza se admitir como natural a influência das emoções e das suposições inerentes ao seu comportamento. A ação do ser humano é constituída por razão e emoção em permanente processo de influência recíproca. Dificilmente um gerente procederá a uma avaliação serena e justa de quaisquer circunstâncias se não estiver consciente dos pressupostos que estimulam a sua visão sobre a natureza humana no trabalho e na vida em geral. As pessoas são psicológicas, não são lógicas como os computadores.

As diferentes dimensões da gestão empresarial são peças de uma só engrenagem. As concepções dos dirigentes sobre o comportamento dos recursos humanos a seu dispor formam a cultura prevalecente das relações organizacionais. Portanto, a questão essencial, que deve ser levada em conta por aqueles que exercem nas organizações os papéis e funções gerenciais, consiste em tornar claras as suas ideias, implícitas ou explícitas, conscientizadas ou não, de como obter resultados através de pessoas, de como se comunicar com seus colaboradores e interlocutores em geral.

Devemos ter sempre presente que muitas das ideias e práticas dominantes no mundo dos negócios são inteiramente inadequadas aos anseios, às expectativas, aos conhecimentos e aos valores dos profissionais da atualidade, da mundialização da economia, da globalização planetária e da valorização do capital intelectual. Esquecer-se disso nos leva, como consequência inescapável, a resultados cada vez mais pífios no desempenho das organizações.

3.1.1 O gerente também é gente!

Muitos gerentes se perguntam se eles próprios e suas organizações serão capazes de atender à demanda crescente da sociedade por produtos e serviços cada vez melhores. Envoltos por um permanente turbilhão de mudanças, sentem-se atordoados pela incerteza e a ansiedade.

A vida das organizações é cada vez mais agitada e inesperada, cheia de ambiguidades ainda não respondidas, relacionadas com os limites de adaptação do ser humano à mudança permanente.

As velhas formas de adaptação pessoal e organizacional, eficazes para atender às demandas de um ambiente estável, não funcionam frente ao dinamismo e às instabilidades dos tempos atuais.

Quanto maior o grau de mudança, maior a necessidade de planejamento, caso contrário, as práticas do passado acabam por forjar um futuro pouco competitivo para as pessoas e as empresas.

O planejamento torna-se ainda mais importante se lembrarmos que quanto maior a incerteza maior é a probabilidade de as soluções de hoje estarem equivocadas. O que funciona está obsoleto!

Mais do que nunca, a adequada percepção do amanhã é o que faz a diferença entre o sucesso e o fracasso. E a melhor maneira de antecipar-se ao futuro é pela compreensão do presente.

Como preparar as organizações para que sejam capazes, de modo contínuo e consciente, de vivenciar o processo evolutivo?

Não basta recompor as fraturas institucionais causadas pela rigidez excessiva. Não é mais possível tentar a ressurreição organizacional através de intervenções meramente estruturais, choques tecnológicos, enxugamento de funções ou objetivos, ou simplesmente pela demissão em massa de colaboradores em mais um *downsizing* equivocado.

Identificar uma necessidade de mudança organizacional não credencia ninguém a realizá-la. O problema para os gerentes de hoje é se eles dispõem dos recursos e habilidades para liderar o processo de renovação de suas organizações, visando a adaptá-las aos desafios do futuro.

3.1.1.1 A organização que cresceu em tamanho também amadureceu?

Enquanto o desenvolvimento dos recursos tecnológicos se faz à velocidade dos foguetes, a mentalidade prevalecente nas culturas organizacionais é contemporânea dos carros de boi. A comunicação empresarial reflete essa realidade equivocada e contraditória.

Como se comporta o Homem em meio a tamanhas disparidades, convivendo em tal paradoxo? Particularmente nesta era de tantas inovações tecnológicas, a maturidade organizacional requer adaptabilidade, flexibilidade, saúde e identidade. Acima de tudo, respeito ao DNA da organização.

A questão inclui um novo conceito, uma nova visão de poder, um novo sistema de valores organizacionais, uma filosofia gerencial baseada em ideais que dignifiquem o ser humano, que paulatinamente substituam a interação mecanicista e despersonalizada dos valores da burocracia e da tecnocracia insensíveis.

Goethe nos diz que "o técnico puro é mais perigoso do que um político leviano, porque é um alienado com poder". Como o gerente escapa dessa cilada, em que a mitificação da técnica possa lhe servir de fachada para justificar os seus desígnios de poder e de mando?

As pessoas estão cansadas de fingir e de representar. Anseiam por uma comunicação autêntica e aberta. Querem influenciar no conteúdo de seu trabalho e no desempenho de sua organização. Querem uma oportunidade para contribuir. Exigem independência e autonomia e esperam ser recompensadas. São motivadas pelo prazer que o seu trabalho lhes proporciona, e esperam respeito e compreensão em virtude de suas necessidades de autodesenvolvimento. Querem uma oportunidade para aprender, mudar e crescer. São atraídas por situações de trabalho em que haja abertura e confiança, franqueza e autenticidade. Querem participar, integrar o time que vence, desejam colaborar, sentir-se importantes e reconhecidas. Desejam uma lógica de argumentação hígida, franca e transparente.

Os gerentes devem ser capazes de controlar as suas forças emocionais e conscientizar-se quanto aos pressupostos que determinam o seu próprio comportamento.

As ansiedades que muitas vezes parecem estar fora de mim, de você, de nós, na verdade, estão dentro. O mundo percebido é fonte e limite do comportamento humano. A forma como fotografamos a realidade que nos cerca define o nosso comportamento como indivíduos e profissionais.

Os gerentes de todos os níveis precisam aprender a administrar suas autoconcepções, as autoimagens e – por que não dizer – as autoilusões que condicionam o seu desempenho e a qualidade da comunicação que utilizam com seus interlocutores. Quando são capazes de identificar a sua própria realidade, passam a dispor de competência para controlar a sua sombra emocional.

Chegam, assim, ao autoconhecimento e compreendem as repercussões de seu comportamento e o impacto que elas produzem naqueles com os quais se relacionam – em seus subordinados, em sua equipe, na organização em que atuam, na família, na sociedade.

3.1.2 Desenvolvimento do indivíduo – o primeiro passo para uma melhor comunicação empresarial

O primeiro passo para um processo mais eficaz de comunicação empresarial se dá com o desenvolvimento individual. O indivíduo transformado incorpora um novo significado para a sua própria vida – ao que lhe acontece, aos resultados obtidos e às interações com as demais pessoas.

Logo passará a aplicar novas atitudes e novos comportamentos no seu relacionamento interpessoal. Ele passa a dispor de uma base de julgamento mais objetiva para a tomada de decisões e para a intervenção visando às mudanças da organização e das relações a que pertence. Assim, ele próprio constituir-se-á num exemplo a ser seguido. Tornar-se-á um ouvinte atento sem, no entanto, comprometer-se. Será capaz de dar e de receber *feedback* sem destruir relações, mas otimizá-las.

Continuamente está disposto a ensinar aos outros o que sabe e, simultaneamente, assumirá uma atitude de disposição a aprender.

Ajudará os interlocutores a se livrarem de seus maus hábitos e atitudes preconceituosas e arraigadas em direção a uma nova postura descontaminada de ressentimentos provenientes do passado.

A avaliação de desempenho é um dos mais importantes pontos de que a organização dispõe para possibilitar o desenvolvimento individual tanto do gerente como dos membros de sua equipe. Aliás, este é um de seus objetivos precípuos, quando se aplica exclusivamente à realização de objetivos comportamentais – e não apenas secundarizando, mas transferindo para outros sistemas de recursos humanos distintos a busca do cumprimento de objetivos de natureza administrativa.

Infelizmente, repita-se à exaustão, a avaliação de desempenho fracassa na maioria das organizações, não só pela equivocada mistura que se faz de objetivos comportamentais e administrativos, mas também pela predominância desfocada destes em detrimento daqueles. Raramente contribui para o aprimoramento da comunicabilidade dentro das organizações.

3.3   O indivíduo e o profissional

O comportamento do ser humano na situação de trabalho é a expressão manifesta das percepções que, como indivíduo, ele faz da realidade. Identificar a dinâmica dos valores, crenças, opções éticas, necessidades, aspirações, expectativas, conhecimentos e interesses que delineiam essas percepções é condição necessária – se bem que não suficiente – para que o gerente torne-se capaz de imprimir maior objetividade à sua comunicação nas interações de trabalho.

O mundo das percepções condiciona preponderantemente o comportamento. Assim, se o gerente pretende tornar o seu desempenho mais efetivo, agregador e colaborativo, integrador e facilitador do trabalho em equipe, ele precisa identificar, compreender e administrar, antes de tudo, as teorias e conceitos – conscientes ou não – que o embasam, desenvolvidos paulatinamente através de vivências e experiências pessoais que o tornam um ser humano singular, exclusivo.

O conceito pessoal que o gerente tem da vida e da natureza do homem, as expectativas que desenvolve pela convivência com os outros e a sua auto-percepção definem as fontes e os limites da forma como se comporta na vida social e no trabalho, na família e no conjunto da sociedade, exercendo os mais variados papéis.

As questões suscitadas pelo "**eu-oculto**" referem-se à pessoa como tal, dissociada da representação de seu papel social. A capacitação do indivíduo no desempenho de seu papel requer preliminarmente uma crescente percepção objetiva da pessoa a respeito de si própria. Para ser competente como líder, o gerente precisa ser também competente como pessoa.

A explosão do conhecimento e a complexidade avassaladora das organizações são imperativos da profissionalização da gestão. As organizações inteligentes não podem fazer qualquer concessão ao amadorismo. Alguém já disse: "o único que pode ser Amador é o Aguiar, fundador do Bradesco".

A profissionalização do gerente significa a implementação de uma estratégia educacional planejada e sistemática de desenvolvimento de conhecimentos, habilidades e atitudes que levem a pessoa ao domínio da expertise profissional como gerente.

Se for verdade que a competência gerencial depende muito do indivíduo competente como pessoa, é também irretorquível que o indivíduo despreparado alcançará muito pouco por melhor que seja como ser humano. A liderança precisa ser ensinada e aprendida, assim como o conteúdo ocupacional do cargo.

É um equívoco comum julgar que somente investir em desenvolvimento individual ou em desenvolvimento gerencial garante, de *per se*, resultados ao desenvolvimento das organizações.

3.4   O gerente como líder de pessoas e de equipes

As ciências do comportamento humano nas organizações têm assumido duas orientações principais.

Uma enfatiza a identificação do estilo gerencial, que possa alcançar melhores resultados e construir um clima positivo nas relações de trabalho. A outra se refere à transferência de processos, valores, conhecimentos e habilidades utilizadas por gerentes eficazes em diferentes situações de trabalho, com as mesmas repercussões positivas. Busca assim a generalização do processo de aprendizagem gerencial como uma competência a ser adquirida.

O estágio atual do desenvolvimento das ciências sociais aplicadas ao comportamento humano no trabalho nos permite afirmar que, se as gerências se valessem dos conceitos, processos, estilos e métodos praticados por líderes bem-sucedidos, o potencial do ser humano disponível nas organizações seria muito mais bem aproveitado.

> A competência gerencial pode ser aprendida, por meio de aprendizagens do gerente como indivíduo, do indivíduo como profissional, do gerente e do indivíduo em sua equipe de trabalho, da interação com outras equipes no conjunto da organização e no universo da sociedade (SIQUEIRA, 2010, p. 15).

No transcurso de nossa vida, continuamente estabelecemos objetivos e tentamos alcançá-los. Alguns desses objetivos são conscientes e claramente definidos; outros não são tão nítidos, nem conscientes. Alguns objetivos são pessoais, alguns dizem respeito a relações com outras pessoas e muitos são relacionados às organizações às quais estamos associados. Administrar as nossas vidas de modo a lidar com nós mesmos, com os outros e com os dilemas organizacionais é uma tarefa interminável, que atravessa toda a nossa existência.

Todo comportamento humano é motivado. Por isso, é preciso que o indivíduo no seu papel profissional, no desempenho da função gerencial, seja capaz de identificar e diagnosticar os motivos que embasam seu comportamento para tornar-se mais objetivo na sua ação como líder de pessoas e de grupos, e tomador de decisões para consecução de resultados.

Qualquer indivíduo desempenha vários papéis distintos no decorrer de um determinado dia – você é pai ou mãe, esposo ou esposa, vizinho, cliente, amigo, subordinado, superior. O modo como nos conduzimos na representação de cada um desses papéis e que habilidades exercitamos no desempenho deles dependerão de várias circunstâncias e de todo um processo de construção dessas relações.

Como cada papel deve ser desempenhado? Que competências devemos desenvolver? Quais são as expectativas dos outros? Qual é a situação e quais são os seus requisitos? Como tudo isto se integra aos nossos objetivos? Como temos nos relacionado até agora? Qual é o nosso objetivo existencial? O que estamos tentando alcançar? Qual é o nosso propósito?

Estas são perguntas que cada indivíduo faz a si próprio em um momento ou em outro, às vezes calmamente, de uma maneira contemplativa, e outras frente a incertezas ou ansiedades. São questões muito antigas, formuladas ao longo de cada momento do percurso existencial. Por isso mesmo essenciais, se quisermos dirigir a nossa vida e desempenhar melhor a nossa ação gerencial.

À medida que as relações organizacionais tornam-se complexas, surge uma preocupação progressiva por parte da gerência a respeito de como os recursos humanos podem ser utilizados de forma mais eficaz para a realização produtiva, tanto de objetivos organizacionais como individuais.

Os conflitos entre as necessidades individuais e a realização dos objetivos organizacionais têm sido, de longa data, uma das principais preocupações daqueles que ocupam cargos gerenciais e dos que atuam no estudo das ciências do comportamento. Eis aí uma questão que a teoria das organizações está longe de solucionar.

É preciso que se discutam essas questões, como também os graus de autonomia e de participação dos empregados *versus* os sistemas de controle que sobre eles são exercidos.

As organizações têm de alcançar resultados concretos, mas isso só se faz com colaboradores que compreendam, envolvam-se e estejam engajados tanto para realizar os próprios objetivos individuais como os organizacionais. A realização de uns se faz pela realização dos outros. É inútil pensar que sejam os mesmos, mas podem perfeitamente ser compatibilizados dependendo dos estilos gerenciais praticados no ambiente de trabalho. O integracionismo, isto é, tentar fundir os objetivos organizacionais e os das pessoas como se fossem os mesmos, é uma das mais relevantes causas de deformação do humanismo na realidade do cotidiano da vida empresarial, que implica, entre outros problemas, a manipulação ética e na submissão do ser humano.

Relacionar-se e trabalhar com pessoas é essencial à nossa vida, na família e na organização, no conjunto da sociedade, no cotidiano de nossa existência.

Cada um de nós busca satisfazer o desejo, obtendo um sentido para a vida não só de valor pessoal como de importância, especialmente por intermédio da resposta que conseguimos das pessoas com as quais nos relacionamos, pelas quais estamos interessados e cujo apoio e aprovação valorizamos. Os grupos de interação face a face, aos quais dedicamos maior parte de nosso tempo, são os mais importantes para nós. São os nossos circunstantes, as pessoas significativas a quem prestamos contas, de quem recebemos e damos satisfações e cujas avaliações temos em alta consideração.

Quando o líder está consciente das necessidades individuais e das diferenças existentes em situações interpessoais e reconhece as potencialidades que subsistem nas diferenças individuais, pode com certeza contribuir muito para que cada colaborador se realize como profissional.

Os gerentes que conhecem a tarefa a ser cumprida, mas também são sensíveis às necessidades e aos sentimentos dos colaboradores, conseguem realizar mais do que aqueles que estejam apenas interessados na consecução de resultados.

É preciso que o gerente desenvolva a habilidade de compreender as diferenças e as similaridades entre os seus colaboradores. As diferenças podem causar medo, preconceito e distanciamento. Também podem criar amizade, colaboração, eficácia e sinergia. As pessoas podem integrar-se por semelhanças, mas também por diferenças, desde que tenham propósitos comuns complementares, que sejam capazes de trabalhar cooperativamente e de forma solidária.

O gerente eficaz sabe que, para otimizar os objetivos organizacionais, é preciso também desenvolver nos colaboradores padrões adultos de autocontrole, de autodireção, de comunicação eficaz. Focaliza as necessidades de liberar o potencial das pessoas, que podem fazer as coisas de uma maneira diferente, e encará-las de forma igualmente diferente. O trabalho em equipe é bem mais profícuo quando cada pessoa estabelece seus objetivos no sentido de combinar seus próprios motivos e necessidades com os de seus circunstantes e os da equipe que se integra.

A compreensão de si próprio é de importância fundamental para que possamos dirigir a nossa própria vida. Segundo Siqueira (2010), "a autopercepção da própria realidade, a compreensão da necessidade de automudança, a conscientização do *gap* entre o que se é e o que se deveria ser são os principais estimuladores do crescimento do indivíduo e da equipe".

A realidade se transforma mais facilmente, quando o próprio indivíduo compreende que antes de exigir a mudança nos outros ele mesmo precisa realizar a sua própria mudança.

Cada indivíduo traz para um relacionamento particular um conjunto peculiar de necessidades que o influenciam. Porém, as necessidades individuais são frequentemente ocultadas pelo impulso para realizar a tarefa ou pela prática de padrões comportamentais, hábitos e costumes arraigados na cultura da organização.

Uma inadequada autopercepção do gerente como pessoa com certeza dificulta a realização de uma vida pessoal feliz e de autorrealização, assim como também compromete o seu desempenho como profissional.

Os danos que as organizações sofrem pela falta de realização plena do ser humano não têm como ser avaliados. Ainda não adquirimos conhecimento para tolerar a fraqueza do ser humano, e, muito menos, aprendemos a conter e a administrar as nossas emoções. Mas já aprendemos a tornar o homem pior. No mundo das organizações, adquirimos conhecimento de como controlar os outros, de como submetê-los aos nossos desejos, enfim, de como desumanizá-los. Na política, há muito sabemos como destruir o homem psicológica e moralmente, devastando a sua personalidade.

Em contrapartida, o estágio do conhecimento hoje disponível também nos permite ser mais capazes de compreender melhor o relacionamento de um indivíduo com outros para o desenvolvimento do nosso próprio senso de autoestima, de solidariedade e de autorrealização.

É necessário permitir ao indivíduo compatibilizar as suas contribuições aos objetivos organizacionais, integrando-os. Não que os objetivos do indivíduo sejam os da organização. Não! Os objetivos das organizações é que devem ser realizados por meio dos objetivos das pessoas que as integram. Afinal, as organizações nada mais são do que uma ficção jurídica; elas só existem porque existem as pessoas que as integram e as constituem.

É necessário que o gerente desenvolva a habilidade de perceber com maior acuidade a realidade que o envolve, melhorar a sua capacidade diagnóstica do ambiente que o cerca e também compreender que, ao superar tais limitações, pode liberar na plenitude o seu próprio potencial e o de seus colaboradores.

O objetivo é o desenvolvimento do indivíduo, que cresce como pessoa e profissionalmente, pelo desempenho de seus papéis e por relacionamentos adequados no trabalho.

O gerente precisa aprender a aprender. Precisa aprender a conviver com o novo e com a mudança, com o transitório e com o que deve ser permanente, assumindo o seu papel de educador como uma estratégia mais adequada de obter resultados.

A fim de implementar uma comunicação eficaz, o gerente precisa ter consciência da impressão que realmente causa nos subordinados, nos colegas de mesmo nível e nos superiores, por que ele os afeta dessa maneira e quais são alguns dos motivos que o levam a tratá-los da forma como o faz.

Antes de poder lidar sensivelmente com os outros, ele precisa tornar-se muito mais objetivo consigo mesmo. Elevar-se como pessoa a um nível consideravelmente superior de autoconsciência e de autoaceitação, predispondo-se à automudança.

A não ser que assim o faça, o gerente construirá um bloqueio no processo de liberação da motivação reprimida, que existe potencialmente no ambiente de trabalho. Os colaboradores não se sentirão à vontade em autodirigir-se e autocontrolar-se se estiverem pensando que o seu superior pode reafirmar, a qualquer momento, as práticas e precedentes de desatenção que foram utilizadas por tanto tempo nos ambientes organizacionais.

Por que, nas últimas décadas, tem ocorrido o que parece ser uma lenta, mas contínua deterioração da atitude do empregado em relação ao trabalho? Por que a comunicação empresarial aparenta ser cada vez de pior qualidade, a despeito dos recursos tecnológicos de que hoje se dispõe?

Por que a quantidade de trabalho realizado em nossas organizações está cada vez mais desequilibrada? Por que a qualidade e a produtividade parecem estar diminuindo? Por que tantos programas de reengenharia e de qualidade total, *downsizing* e *empowerment* estão objetivando justamente assegurar padrões de produtividade adequados?

O trabalho, obviamente, é realizado por um indivíduo. Mas os seres humanos descobriram há muitos anos que muito mais podia ser realizado se o trabalho de dois ou mais indivíduos fosse combinado em série ou em paralelo. Assim, por meio de sucessivos refinamentos, homens e mulheres trabalhando em conjunto, mais ou menos sistematicamente, foram capazes de levar o mundo ao estágio em que hoje se encontra.

De uma maneira geral, as teorias clássicas do trabalho e da organização evoluíram no transcorrer de vários séculos, ao longo de linhas de pensamento e de ação mais ou menos paralelas.

A aceitação do desvio das expectativas organizacionais como uma manifestação da motivação humana foi reconhecer que os trabalhadores tinham que ser postos em consideração. A sociedade organiza-se em torno do trabalho e não em torno do capital. E, portanto, é em torno do trabalho que a sociedade será mais bem compreendida, desenvolvida e transformada.

A administração científica, uma invenção social que, de uma maneira diferente, foi capaz de relacionar os trabalhadores com a organização, ocupou um lugar de destaque em mais uma etapa na sucessão de sistemas de trabalho, que incluíram a escravatura, a servidão e a burocracia.

Apesar de violentas resistências e lutas intensas, os próprios trabalhadores alcançaram um maior nível de consciência e estabeleceram uma unidade em torno dos seus sindicatos, com os quais puderam forçar melhorias tanto nas condições de trabalho como nas compensações materiais e financeiras que obtêm em contraprestação ao trabalho que realizam.

O questionamento neste primeiro quartel do novo século não se faz ao trabalho, mas ao emprego. Pelo menos nos termos em que o temos praticado nos últimos 250 anos. Há um *requiem* para o emprego, que, certamente, já vem ocasionando a redefinição do trabalho nos termos em que até hoje o concebemos, que teve como origem os primórdios da Revolução Industrial.

As questões salariais e trabalhistas são parcialmente constituídas pelas mudanças de nosso ambiente tecnológico, pelos equipamentos e maquinários por meio dos quais as tarefas são realizadas, pela nova realidade social imposta pela globalização.

O problema de viver o trabalho encontra a sua solução dentro de nós mesmos. Isto é realidade tanto para o executivo quanto para o empregado mais modesto. Não depende apenas de quanto dinheiro, de quanto espaço de trabalho, de quanto de produção ou de quanto lucro, mas do significado do próprio trabalho em si.

As nossas atitudes com relação a nós mesmos e com relação ao mundo exterior nunca estão completamente livres de limitações.

Como é que nós podemos ser livres? O mundo do trabalho é sempre limitante. Às vezes, é como se estivéssemos em uma caixa, conseguimos escapar dela e depois verificamos que criamos outra caixa para nós mesmos. A caixa é

50 Comunicação empresarial • França

uma companheira inescapável, uma limitação psicológica: precisamos aprender a compreendê-la e a lidar com ela para que possamos manter o mais alto nível e um eficaz desempenho.

Dentre as limitações que nos cercam, algumas são autoimpostas e outras o são pela organização e pela sociedade. Quais são as suas? Quais são as de seus subordinados? E as de seus colegas e superiores?

Sempre existirão limitações e controles no nosso trabalho e nas nossas vidas, venham elas de fora ou de dentro. O importante é a forma como lidamos com as novas liberdades e com os novos desafios, como administramos as limitações, como superamos os nossos limites, da serenidade de que dispomos para vencer barreiras reais ou ilusórias. Qual tem sido a sua experiência pessoal? É preciso aprofundar a sua reflexão sobre essas questões.

Você precisa desenvolver a competência para compatibilizar a satisfação de necessidades aparentemente contraditórias. Por um lado, a necessidade de segurança e, por outro, a necessidade de iniciativa e autonomia. Essa aparente contradição pode gerar em você um conflito. Como você equilibra ambas as necessidades? Eis aí outra questão que precisa ser mais bem conscientizada por você para o desempenho de seu cotidiano gerencial.

É claro, também, que a insatisfação com o *status quo* e o inconformismo com a realidade podem ser sintomas de que o indivíduo aspira a crescer e se desenvolver, deseja participar e contribuir mais do que lhe está sendo permitido.

Qual é a sua postura em face dessas circunstâncias? Acomoda-se? Desiste? Bate de frente? Contorna?

É preciso que você aprimore a sua competência pessoal, identifique o seu estilo de liderança frente a tais situações e saiba que repercussões ela ocasiona nos circunstantes, que influências exerce sobre a forma como você se comunica.

Como você age ou reage? Existem limitações úteis ao indivíduo? À organização? À sociedade? De que natureza? Quando as limitações deixam de ser úteis? Como você costuma lidar com limitações inúteis? Quais são os perigos de contemporizamos com a inutilidade? Como você se comporta? Banaliza-a? Irrita-se? Contorna-a?

A conscientização de seu estilo de liderança e o desenvolvimento de habilidades gerenciais necessárias para a superação de tais situações são imprescindíveis à sua eficácia gerencial, de seus colaboradores e de sua equipe de trabalho.

> Dificilmente o gerente considera como sua a responsabilidade do mau desempenho do subordinado. Tem a tendência a procurar as causas em toda a parte, particularmente no comportamento do próprio subordinado, recusando-se a considerar a hipótese óbvia de poder ser ele próprio – gerente – o principal responsável em decorrência da utilização de estilos inapropriados de gestão.

Quando os subordinados não reagem em consonância com as expectativas desejadas, a tendência normal é a censura ou a reprimenda. Procura-se a justificação para o mau desempenho no despreparo, na falta de colaboração ou na indolência dos subordinados, mas não na incapacidade de os gerentes utilizarem conceitos e práticas de gestão que os motivem pelo próprio trabalho que realizam.

A previsibilidade do comportamento humano é diretamente proporcional à adequação das concepções em que se fundamenta. Na realidade, não há como definir expectativas ou fazer previsões de comportamento dissociadas de um conjunto de suposições sobre a natureza humana. Todas as decisões e ações gerenciais baseiam-se em concepções que eles próprios tenham sobre o comportamento do ser humano no trabalho.

Se não nos conscientizarmos dessa realidade, insistindo no equívoco de que gerência é uma arte ou uma coisa prática, os resultados continuarão sendo medíocres, como, aliás, o é o exercício de praticamente todas as funções gerenciais praticadas no universo da sociedade e no mundo das organizações. Não se aprimora a competência gerencial simplesmente criticando os subordinados por não se comportarem segundo as expectativas desejadas ou as previsões formuladas, mas, antes de tudo, aperfeiçoando os estilos gerenciais praticados por aqueles que detêm as funções de direção, supervisão e controle.

3.5 Qual é o nível de conscientização de sua equipe de trabalho?

Para identificar a cultura de uma equipe de trabalho é indispensável analisar o comportamento, os valores e as atitudes de seu gerente em interação com seus colaboradores.

Quando uma equipe se encontra numa fase inicial, digamos empreendedora, o gerente é a sua principal fonte de energia, como se fosse o seu gerador elétrico. Ele tem a garra, dá o tom, define o ritmo. Mergulha na solução de todos os problemas. Está em todas, puxando, empurrando, buscando consenso e a integração.

Em uma fase mais estruturada, o gerente se preocupa mais com a sua posição na equipe e na organização. Mede o seu sucesso pelo prestígio e o *status* que desfruta junto ao poder. Não se arrisca, avalia vantagens e desvantagens de suas decisões para só então assumir as que lhe sejam evidentemente óbvias e favoráveis. Trabalha muito com as práticas e precedentes, com o que já deu certo, com o politicamente perfeito.

Já o gerente que busca de forma dinâmica a excelência da equipe de trabalho tenta no seu cotidiano aplicar os conceitos da ciência do comportamento humano para alcançar objetivos e metas legitimados por decisões participativas e de consenso.

Um dos principais desafios das organizações é saber como maximizar a contribuição individual. As maneiras pelas quais a equipe de trabalho estimula a contribuição dos indivíduos para realizar os objetivos organizacionais talvez possam responder ao problema suscitado por este desafio.

Os conflitos entre as necessidades individuais e a consecução dos objetivos organizacionais têm sido de longa data uma das principais preocupações dos que militam tanto nas funções gerenciais quanto dos que atuam no mundo acadêmico em busca das respostas oferecidas pelas ciências do comportamento humano.

Como compatibilizar os interesses dos indivíduos e das organizações? Como estruturar uma organização na qual os indivíduos possam buscar a excelência de desempenho ao mesmo tempo que a organização possa alcançar a satisfação plena de seus objetivos? Uma das respostas a este dilema é aumentar a eficácia do trabalho em equipe em todos os níveis organizacionais. Temos de reconhecer a importância do trabalho em equipe e compreender a complexidade do comportamento das equipes atuando isoladamente ou interatuando em multi-diversidade de situações no concreto da vida da organização.

É preciso que o indivíduo participe de uma atmosfera facilitadora à contribuição. Um aspecto importante da construção de um clima apoiador é o desenvolvimento de uma cultura de *feedback* espontâneo e não censurado, que sugere o envolvimento dos membros da equipe na tomada de decisões.

As tarefas devem ter a participação dos membros da equipe em todas as suas fases, no início, no meio e no fim. As tarefas devem ser completas, propiciando a integração do planejamento à execução. É preciso justapor os que planejam e os que executam. A separação clássica entre ambos é um dos mais relevantes equívocos gerenciais na construção de equipes dinâmicas.

A participação das pessoas no processo das decisões que irão implementar é um requisito relevante ao desenvolvimento do trabalho criativo em equipe. À medida que os indivíduos envolvem-se tanto em tomar as decisões como em executá-las, um maior número de aspectos e de suas habilidades é descoberto, e ficam evidentes mais oportunidades para o crescimento pessoal. O indivíduo cresce no seio da equipe, e a equipe cresce em decorrência da contribuição de cada um, isoladamente, atuando em grupo.

A influência individual representa uma força importante no estabelecimento das normas de comportamento e nos resultados da equipe. O trabalho em equipe não despersonaliza o indivíduo, mas, muito pelo contrário, possibilita a liberação de todo o seu potencial. O Homem é um ser gregário por natureza, mas mesmo em grupo a sua individualidade deve ser preservada.

O líder eficaz reconhece que, ao procurar atingir os objetivos organizacionais, uma das suas maiores responsabilidades está em desenvolver nos outros os padrões maduros de autocontrole, de autodireção e de comunicação eficaz. Portanto, ele focaliza as necessidades centradas nas pessoas para liberar o potencial dos outros.

As equipes têm de ser flexíveis na fixação de objetivos de desempenho, de modo que possam preencher os requisitos da organização, do próprio grupo e dos indivíduos. Os objetivos precisam ser claramente compreendidos, caso se pretenda que os membros da equipe contribuam para a consecução desses objetivos. Ninguém faz bem feito o que não compreende nem aquilo na qual não acredita.

As equipes de trabalho permitem um maior grau de individualidade de seus membros quando se integra uma cultura de apoio e de integração, quando todos estão adequadamente envolvidos no processo decisório e podem participar do estabelecimento dos objetivos, mantidas as suas individualidades. Os líderes reconhecem as diferenças individuais e ajudam cada um a contribuir de seu modo para a realização do trabalho coletivo.

Quando há confiança mútua na integração de cada um para a consecução dos objetivos coletivos e no compromisso com o processo de solução dos problemas, e se os objetivos são realistas em termos dos recursos que existem no grupo e da sua possibilidade de atingi-los, o desempenho da equipe poderá alcançar resultados muitas vezes superiores à soma das competências individuais de seus membros, obtendo-se a tão desejada sinergia.

O líder precisa ter uma atitude aberta e positiva às novas ideias, aos aspectos desconhecidos e às situações inusitadas. Em confronto com a necessidade de mudança, muitas vezes o líder responde com receio e hostilidade. Esta é uma atitude natural, perfeitamente humana, que ele precisa aprender a superar. Pelo seu exemplo, a sua atitude diante do novo fecunda a equipe para um trabalho desafiador e colaborativo, ou contamina a todos pelo germe da descrença e da desesperança de que resultados positivos possam ser atingidos em função da forma de encarar o novo por parte da equipe como um todo.

CONSIDERAÇÕES FINAIS

É cada vez mais necessário à excelência de desempenho das organizações compreender como se dão e se sustentam a linguagem, a comunicação, a interação humana, e, portanto, a lógica da argumentação, de negociação e de mediação na realidade do trabalho, no cotidiano da vida empresarial.

Vivemos no mundo e no universo das organizações: não há atividade humana nos tempos atuais que não tenha uma ação organizacional presente, para o bem ou para ou mal.

O mundo moderno é o das organizações, que plasma, forma e deforma o ser humano em suas interações.

Fica, assim, à sua reflexão uma visão de como se processa a comunicação empresarial no universo das organizações. Depende de diferentes conceitos, de diferentes estilos gerenciais, das visões administrativas prevalecentes, das culturas e ambiências organizacionais, que são praticados em distintas situações, de variadas maneiras e formas, com repercussões também distintas.

Apesar de julgar que a teoria e a prática das organizações centradas exclusivamente no mercado não são aplicáveis a todos, mas apenas a um tipo muito especial de atividade empresarial conhecida como neoliberalismo econômico, procurei trazer à baila apenas as formulações teóricas advindas da atual constatação prática da comunicação empresarial no mundo do trabalho.

É claro que a atual teoria das organizações é eminentemente instrumental para a sociedade de mercado em que vivemos, hoje, em todo o planeta. Procurei cingir-me à instrumentalidade de sua prática, com foco central na lógica de argumentação que tem permeado a sua aplicação na realidade de trabalho e na gestão das organizações. Mas, por certo, não podemos deixar de ter sempre presente que uma consequência do domínio exercido pela racionalidade instrumental nas organizações modernas é que a comunicação e, portanto, a lógica de argumentação são sistematicamente distorcidas. E mais: tal distorção se torna corriqueira e normal, pois se assim não fosse ficaria claramente evidente o caráter repressivo existente nas relações sociais nas organizações.

É na exclusividade da racionalidade instrumental das teorias das organizações que precisamos trabalhar na certeza de que hoje é dominantemente aceita como premissa inarredável da sociedade de mercado, e, portanto, da comunicação empresarial aplicada às relações de trabalho.

REFERÊNCIAS BIBLIOGRÁFICAS

MCGREGOR, Douglas. *Aspectos humanos da empresa*. Lisboa: Livraria Clássica Editora, 1960.

LIKERT, Rensis. *El factor humano en la empresa*. Bilbao: Ediciones Deusto, 1969.

SIQUEIRA, Wagner. Os gerentes que duram. Rio de Janeiro: E-papers, 2010.

ARGYRIS, Chris. *Management and organizational development*. Cidade: McGraw Hill Book Company, 1971.

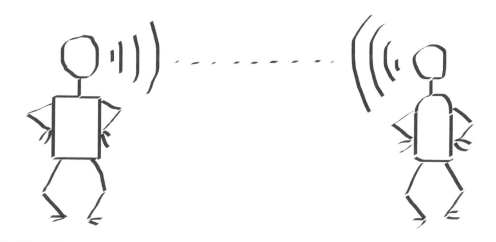

<http://pt.dreamstime.com/imagem-de-stock-royalty-free-uma-comunica%C3%A7%C3%A3o-image8908756>

4 COMUNICAÇÃO ESTRATÉGICA E *MEDIA TRAINING*: A SUPERVIA NOS TRILHOS

Sadon Rangel de França[1]

Marcio Gonçalves[2]

---

[1] **Sadon Rangel de França** é jornalista, com trabalhos publicados na área de comunicação empresarial sob a ênfase no trabalho do porta-voz. No Rio de Janeiro, trabalhou na assessoria de imprensa de um centro cultural e como redator em agência de comunicação. Em 2011, iniciou os trabalhos no Rio Grande do Norte, em grande colégio da região e, hoje, atua como gestor de marketing de um hotel quatro estrelas na capital potiguar.

[2] **Marcio Gonçalves** é jornalista, com especialização em pesquisa de mercado e opinião pública e em gestão de negócios para instituições de ensino superior. É mestre em ciência da informação e, atualmente, doutorando na mesma área com a pesquisa intitulada Wikipédia: validez da informação na internet. Atua como professor universitário na Universidade Estácio de Sá e nas Faculdades Integradas Hélio Alonso.

INTRODUÇÃO

Neste Capítulo, faz-se uma avaliação do relacionamento da SuperVia, concessionária responsável pelo transporte ferroviário na região metropolitana do Rio de Janeiro, com a imprensa e a influência de seu porta-voz no trato empresa-mídia-sociedade. A escolha pela concessionária deveu-se pela sua notória aparição na imprensa televisiva, mais especificamente ao longo de 2009, e pelo interesse em mensurar o impacto das veiculações na mídia televisiva relacionadas à imagem e à reputação desta organização.

Hoje em dia, cada vez mais, verifica-se a importância das estratégias de comunicação para a formação da imagem das corporações junto aos seus diferentes públicos. Nesse sentido, as empresas que põem em prática seus planos de comunicação tendem a aproveitar melhor os espaços de veiculação, quando estão expostas, por meio da imprensa, ao contato com o público.

A prática de *Media Training* nas empresas, por exemplo, diz respeito à forma como os porta-vozes devem atuar durante o discurso, independentemente da mídia, se requer a participação oral ou escrita. Fala-se aqui, portanto, da importância de as empresas investirem em técnicas de *Media Training,* pois quando as organizações decidem treinar seus representantes para lidar com a imprensa, os impactos de uma resposta bem articulada para esclarecimento de um fato podem ser positivos para garantir a boa imagem da instituição.

4.1 A SuperVia

A SuperVia Concessionária de Transporte Ferroviário S.A. começa a operar em 1º de novembro de 1998, após vencer licitação relativa ao transporte ferroviário na região metropolitana do Rio de Janeiro, em julho do mesmo ano. O valor pago pelo Consórcio Bolsa 2000 foi de R$ 279,7 milhões, com direito a operar o sistema ferroviário durante 25 anos, tendo a possibilidade de prorrogação por mais 25. Em princípio, o nome da concessionária era Rio Trens Concessionária de Transporte Ferroviário S.A. passando, posteriormente, à razão social adotada atualmente.

Em 1999, entra em funcionamento a Central de Atendimento ao Cliente, denominada SuperVia Fone. No ano seguinte foi criada a primeira turma de maquinistas do sexo feminino e a integração com o Metrô é iniciada. Em 2001, esta se estende aos ônibus e, no mesmo ano são criadas duas novas linhas: Nova Iguaçu-Central e Queimados-Engenho de Dentro. Em 2002, o primeiro trem com ar-condicionado entra em operação.

Dois anos depois, foram recuperadas 27 estações na Baixada Fluminense e o número de trens com ar condicionado chega a 11. No ano de 2007, dez trens provenientes da Coreia são disponibilizados. Com um investimento de US$ 100 milhões, os cartões eletrônicos começam a ser implantados.

Em 2006 a SuperVia recebeu mais dez trens do Governo do Estado do Rio de Janeiro, por meio do Programa Estadual de Transportes.[3] Todas as estações passam a funcionar com o vale-transporte eletrônico. No ano seguinte, mais dez trens coreanos (com ar-condicionado), provenientes do acordo com o Governo do Estado e financiados pelo Banco Mundial, são incorporados à frota, que passa a contar, assim, com 34 carros com ar-condicionado.

A integração trem-ônibus começa a operar na Baixada Fluminense, um centro comercial é inaugurado na estação Bangu e um espaço cultural é aberto na estação Realengo.

Em 2009, o governo entregou mais quatro trens, com ar-condicionado, elevando o número para 38. Um novo contrato é assinado com o Governo do Estado do Rio para fornecimento de mais 30 trens novos a partir de 2010. Ainda no ano anterior, a concessionária inaugurou o serviço de acesso gratuito à internet sem fio em Madureira e passou a ter perfil e presença nas redes sociais na internet. A SuperVia, assim, passa a estar no Twitter[4] e a estreitar seu relacionamento com o público por meio de um *blog*[5] corporativo.

4.1 O porta-voz no planejamento de comunicação

O papel do porta-voz de uma empresa é concebido dentro das estratégias adotadas no planejamento estratégico organizacional. A importância desse plano pode ser mensurada como um todo ou a partir de cada um dos pontos tratados. Esse plano é nomeado por Cahen (2005) de Plano Integrado de Comunicação Empresarial.

> É por isso que enfatizo a necessidade de absoluta adesão da alta administração e do fato de que: Comunicação é uma ferramenta do Marketing Global da empresa – não uma ferramenta exclusiva do(s) setor(es) de Marketing. Assim, Comunicação torna-se uma ferramenta estratégica da empresa – como um todo

---

[3] Uma primeira versão foi apresentada durante o XV Congresso de Ciências da Comunicação, na Região Sudeste.

[4] Programa para remodelação dos serviços de transporte público da região metropolitana do Rio de Janeiro. Com investimentos do Banco Internacional para Reconstrução e Desenvolvimento, do Governo do Estado e da SuperVia. Conta da SuperVia no Twitter: <http://twitter.com/SuperVia_trens>.

[5] Endereço do *blog* da SuperVia: <http://www.supervia.com.br/blog/>.

– pois todos os seus setores têm de estar necessariamente voltados para seus resultados finais, que, como já está mais que dito, é o lucro (CAHEN, 2005, p. 212).

A síntese da importância desse plano está na palavra *integrado*, pois as ações devem ser concebidas com a união dos diferentes setores e entre cada um dos pontos trabalhados.

Tendo como meta o alinhamento dos setores da instituição, a melhor forma de obter sucesso é a inserção da comunicação na cultura da empresa. Esta concepção se clarifica quando se entende que "as organizações são minissociedades que têm seus próprios padrões distintos de cultura e de subcultura" (MORGAN, 1996, 2009).

A relação empresa *versus* veículos midiáticos é um dos tópicos que merecem ser trabalhados dentro do planejamento. O quão preparado está o porta-voz, para o momento em que é exigido que ele se manifeste, é o que vai pesar na balança, seja para o lado do sucesso ou da ruína. Seja na mídia impressa, radiofônica, televisiva ou via internet, é o porta-voz quem deve ser o representante da organização diante das notícias veiculadas nestes meios.

As empresas devem manter bons relacionamentos com seus públicos. No caso da SuperVia, essa relação se intensifica por conta da prestação de serviços entregues à população, uma vez que o transporte coletivo é bastante usado por boa parte da sociedade. Dessa forma, investir em comunicação externa é essencial para o sucesso desta organização. Segundo Benevides (2004), é preciso informar o público rotineiramente:

> Determinadas circunstâncias quase obrigam uma organização a vir a público dar explicações, produzir informações de relevância para a sociedade ou simplesmente manifestar-se acerca de alguma questão de repercussão coletiva. Trata-se de um fenômeno natural considerando as empresas como importante elemento constituidor de qualquer sociedade e, por isso, responsáveis por intensa interação em virtude de sua atuação produtiva. Não seria exagerada a proposição de que essas mesmas organizações também implementassem profundas transformações sociais quando se utilizam dos veículos de comunicação de massa (BENEVIDES, 2004, p. 187).

Entendendo isso, fica evidente a importância da atuação de um bom porta-voz para a construção, reconstrução ou manutenção da imagem e reputação da empresa, seja na relação com o veículo, com a sociedade ou com seus *stakeholders*.[6] Para mensurar isso é necessário entender que aspectos se relacionam com a reputação e com a imagem.

---

[6] Os diferentes públicos de interesse para uma organização.

Na opinião de Bueno,

> A imagem, portanto, ou as imagens (para sermos mais exatos) de uma organização são percepções que estão na cabeça dos públicos ou das pessoas individualmente, formadas pelo contato direto ou indireto com ela (temos imagens para organizações com as quais nunca tomamos contato direto, como, por exemplo, o Pentágono, reino dos falcões da guerra) (BUENO, 2009, p. 200).

A imagem, assim, é uma visão de cada pessoa quanto à empresa, formatada através de aparições nos veículos de comunicação, utilização do serviço ou mesmo ao compartilhar informações com outros usuários do produto ou serviço da organização. Já a reputação tem um aspecto mais profundo, uma construção histórica. Bueno completa a ideia:

> A reputação também é um conceito, uma avaliação, que, como a imagem, decorre das percepções dos públicos e das pessoas individualmente. Ao contrário da imagem, no entanto, ela é menos fluida. Construída num prazo maior de tempo, tem maior consistência e intensidade. A maioria das organizações tem imagens, mas poucas chegam a ter uma reputação, porque esta é resultado de um processo mais demorado de interação. A gente pode dizer que a imagem é como algo que se sente na pele e a reputação como algo que se sente na alma (BUENO, idem).

Ao compreender estes pontos, verifica-se a importância de se investir no gerenciamento da imagem. Para administrar essa relação com a mídia é necessário que os responsáveis pela área de comunicação estejam à frente dos acontecimentos, analisando as ações dos diversos setores que constituem uma organização. Negligenciar esse momento pode levar a falhas, que por sua vez levam às crises e estas vão causar arranhões ou mesmo profundas cicatrizes na representação das empresas junto aos seus públicos. Deve-se estar atento e identificar o quão preparado está o porta-voz para transmitir a informação e de que forma isso influencia na imagem e na reputação diante da opinião pública e da imprensa.

O porta-voz, para representar bem a empresa, dever ser municiado quanto a informações estatísticas, históricas e mesmo sobre a linguagem e vestimenta a ser utilizada quando conceder entrevistas na mídia. Para fazer isso da forma mais acertada possível é fundamental conhecer os anseios dos seus públicos, bem como estar ciente de seus pontos fortes e fracos. A forma mais eficaz de se preparar neste sentido é atentar para a opinião destes públicos para, posteriormente, produzir o discurso. Para Halliday,

> Assim, toda descrição do processo comunicativo deveria obedecer a esta ordem de comportamentos requeridos: ouvir, construir a mensagem, falar (ou escrever), ouvir, reconstruir a mensagem, ouvir, falar, ouvir. Na pressa e na ânsia por agir, esquecemos de que ouvir faz parte da ação discursiva. O ouvir é um elemento muito esquecido no planejamento e nas avaliações da comunicação. No entanto, ouvir é uma das mais importantes ferramentas de trabalho para os construtores do edifício da legitimação. Porque, em última instância, quem fala é o público – fala de bem ou fala de mal, de acordo com a imagem que formou em sua mente a respeito da empresa (HALLYDAY, p. 6).

A atuação junto à imprensa, ainda que bem arquitetada, entretanto, pode ser influenciada por questões fora da alçada do emissor, como novas informações apresentadas no momento ou a interpretação feita pelo jornalista. Aqui se tem a seguinte avaliação, verificando aspectos basilares no pronunciamento: o discurso está logrando êxito em auxiliar na construção de uma boa imagem para a empresa? Orlandi acredita que:

> É do autor que se exige: coerência, respeito às normas estabelecidas, explicitação, clareza, conhecimento das regras textuais, originalidade, relevância e, entre outras coisas, unidade, não contradição, progressão e duração de seu discurso, ou melhor, de seu texto (ORLANDI, 2003, p. 75).

O *Media Training* visa preparar o porta-voz através de um treinamento para atuação junto à mídia, compreendendo os quesitos do bom discurso supracitados, bem como modo de agir, postura e adequação estética. Utchitel reforça que:

> Precisa ser educado e evitar aproximações mais íntimas [...] As respostas às perguntas dos jornalistas devem ser claras e objetivas, evitando-se a linguagem técnica ou rebuscada. Também é preciso evitar o "sem comentários" e o "nada a declarar", expressões que podem ser percebidas como arrogância, antipatia ou até culpa, em uma situação de crise [...] E nunca deve aceitar provocação de um jornalista [...] A divulgação de números sempre interessa à imprensa, mas a informação precisa ser verídica e consistente [...] O entrevistado jamais deve pedir ao jornalista que repita o que foi dito ou que permita seu acesso ao texto final antes de sua publicação (UTCHITEL, 2004, p. 110-111).

Percebe-se que o *Media Training* é uma ação esporádica. Muitas vezes este tipo de treinamento é feito fora da empresa por equipes terceirizadas e por especialistas nesse tipo de ação. O problema nesse modelo é a falta de acompanhamento dos resultados para poder mensurar e acompanhar o desempenho futuro do porta-voz.

O Quadro a seguir sintetiza como devem agir os porta-vozes. Deste jeito, valoriza-se que uma equipe especializada da própria organização também tenha atividades de *Media Training*.

Quadro 4.1 – A ação do porta-voz

Pense no público	As informações devem ser coerentes e interessantes. As respostas não podem ser evasivas.
Se relacione com a imprensa	Os jornalistas devem ter facilidade em receber as informações.
Seja preciso	As informações devem ser precisas e pertinentes, baseadas em consulta anterior.
Seja confiável	As repostas devem ser rápidas e equilibradas.
Não minta.	A verdade sempre aparece, e uma mentira pode gerar problemas ainda maiores no futuro.
Não use informações em *off*	Informações em *off* acabam por colocar o jornalista em uma situação desagradável.
Não evite a imprensa	Postura *lowprofile* não funciona, e informar o público é uma obrigação.
Não tente impedir veiculações negativas	Isto fará com que a publicação tenha ainda mais repercussão, a atitude correta deve ser a de explicar a situação.
Respeite os horários	A agenda da imprensa é muito apertada, e o horário de fechamento não pode esperar.
Não misture Jornalismo e Publicidade	A cobertura pela imprensa em nada tem a ver com a verba publicitária.

Fonte: elaborado pelo autor com base em SCHIAVONI, 2007; VILLELA, 2008.

Invariavelmente, quando o assunto é tratado por um setor da empresa, a preparação do porta-voz fica a cargo da assessoria de imprensa. Acostumados a fazer a gestão da comunicação com a imprensa, os profissionais de assessoria tendem a ter o *know-how* necessário para fazer o ajuste fino das ações de seu representante. Já a escolha deste porta-voz deve passar por uma análise maior.

Muitas das vezes, a pauta a ser trabalhada pode indicar que esse ou aquele funcionário, desse ou daquele setor, seja o mais indicado. Freitas destaca que:

> É um erro pensar que somente o dirigente máximo da empresa concede entrevistas, assim como também é um equívoco que seja sempre o assessor de imprensa o porta-voz da instituição. A priori, aquele que mais entende do assunto em pauta é quem deve falar ao público (FREITAS, 2007, p. 89).

O formato televisivo tem suas especificidades. Assim sendo, estar atento ao modo de agir perante às câmeras é primordial para um resultado minimamente satisfatório. Esta ação deve compreender aspectos como o tempo disponível, linha editorial do veículo, público-alvo e o formato do programa. Thielmann aponta que:

> Vários executivos confundem a linguagem de uma entrevista para um grande meio de comunicação, como a TV, com palestras para especialistas, seminários para parceiros de negócios, discursos para PHDs em "economês" ou com abuso de "anglicismos". A maioria das pessoas que assiste à TV não faz parte de grupos empresariais, portanto, não tem intimidade com certos termos (THIELMANN, 2007, p. 141).

Que os executivos pensem assim, até pode ser aceito, mas cabe ao(s) responsável(eis) pelo *Media Training* alertar para esta linguagem. Quanto ao modo de agir, é sempre importante manter a fluidez no gestual e na forma de falar, evitando-se um comportamento robotizado que tende a passar a imagem de nervosismo ou de discurso preconcebido, conduta que leva aos diversos dos erros citados no Quadro 4.1.

A imagem pessoal também é um ponto a ser levado em conta. Cores e modelos de vestuário e acessórios influenciam no julgamento do espectador, na imagem que este faz, consciente e inconscientemente, do entrevistado. O Quadro 4.2 contribui com algumas informações:

Quadro 4.2 – O vestuário do porta-voz

Tecidos listrados ou xadrez.	Inadequados, questão técnica.
Tecidos lisos.	Adequados.
Cores – preto, azul-marinho e cinza.	Adequados.
Cores – marrom.	Inadequado, causa abatimento.
Cores – claras.	Inadequadas, rouba a luz.
Cores – azul-royal e cobalto.	Inadequados, mesmo tom do *cromakey*.
Camisa branca.	Adequada, desde que com paletó escuro.
Gravatas com estampas ou listras finas.	Inadequadas, prejudica a nitidez.
Traje esporte.	Camisa social lisa com mangas dobradas.
Camisa de malha.	Inadequada, realça imperfeições.
Brincos, colares grandes, pulseiras barulhentas.	Inadequados.
Saias curtas e justas.	Inadequadas.
Blusas decotadas.	Inadequadas.
Blazer e terninho.	Adequados.
Cores – preto, cinza, bege, gelo, vermelho e marinho.	Adequados.
Cores – vivas (ex.: verde-limão e rosa-choque)	Inadequadas.

Fonte: elaborado pelo autor com base em THIELMAN, 2007, p. 144-145.

4.3   O estudo

A fim de proporcionar uma análise bem embasada, foram coletadas as matérias jornalísticas relativas à SuperVia veiculadas durante o ano de 2009, na programação jornalística da Rede Globo de Televisão. A escolha dessa emissora se justifica pela consistente cobertura dada aos serviços de transportes públicos e outras questões relacionadas ao tráfego na região de atuação da concessionária. O exemplo mais bem acabado disso é o *Radar*, boletim informativo, no ar desde 2007, sobre trânsito e tempo das cidades.

64 Comunicação empresarial • França

A avaliação compreendeu o processo de auditoria das matérias segundo os conceitos e metodologia apresentados por Wilson Bueno[7] durante o curso *Construindo um projeto de Auditoria de Imagem na Mídia,*[8] que apresentou conceitos que vão ao encontro do entendimento de imagem e reputação, bem como da diferença na construção destas.

A abordagem das matérias consiste dos seguintes passos: (1) definir a extensão da análise; (2) selecionar o veículo analisado; (3) definir as categorias e os indicadores utilizados durante o processo analítico; (4) definir a metodologia; (5) coletar o material; analisar e organizar os dados; e, por fim, (7) produzir o relatório com as conclusões.

1. Extensão da análise: foram analisadas todas as matérias sobre a SuperVia, veiculadas durante 2009, na programação da Rede Globo de Televisão.
2. Veículo analisado: o veículo televisivo foi selecionado por englobar todos os aspectos possíveis da análise do porta-voz.
3. Categorias e indicadores: foram definidos fazendo o cruzamento entre os conceitos discutidos neste artigo, na parte destinada ao embasamento teórico, com a missão, visão e valores da SuperVia.
4. Metodologia: foi utilizada uma mescla entre o método quantitativo (tempo, palavras-chave e abordagem) e qualitativo (análise do discurso apresentado).
5. Coleta do material: as matérias foram coletadas no portal da emissora.
6. Análise e organização: esta análise, em um primeiro momento, se ateve a quantificar os dados relacionados às categorias e indicadores. No segundo momento, verificar o teor e qualificar o discurso apresentado. A organização foi feita utilizando planilhas eletrônicas.
7. Relatório: foi produzido com bases no resultado da análise e nas possibilidades propostas pelo *Media Training*.

4.4   Análise do estudo empírico

Esta fase se inicia no trabalho de reunir o material a ser analisado, no caso, as matérias relativas à SuperVia no ano de 2009, na programação, local e nacional, da Rede Globo de Televisão. Os 27 vídeos foram coletados no portal[9] da emissora, nos sites específicos de cada programa.

---

[7] Wilson da Costa Bueno é jornalista, professor da Universidade Metodista de São Paulo, da Universidade de São Paulo e diretor da Comtexto Comunicação e Pesquisa.

[8] Curso realizado pela Comtexto Comunicação e Pesquisa em outubro de 2009, em São Paulo.

[9] <http://www.globo.com>.

Quadro 4.3 – As matérias

Assunto	Programa	Data
Transporte ferroviário entra em colapso no Rio de Janeiro.	Bom Dia Brasil	08/10/09
SuperVia contrata funcionários em diferentes áreas.	Bom Dia Rio	08/06/09
Passagens gratuitas durante parte da manhã no ramal Japeri.	Radar RJ	08/10/09
Cidadãos arriscam a vida atravessando a linha do trem.	Radar RJ	15/10/09
Trem pifado atrapalha viagem de passageiros.	Radar RJ	15/10/09
Acidente atrapalha circulação na Vila Inhomirim.	RJTV 1ª Ed.	15/07/09
Tiroteio paralisa trens em Manguinhos.	RJTV 1ª Ed.	04/09/09
Problema nos ramais complica a vida dos passageiros	RJTV 1ª Ed.	14/09/09
Manhã de muita tensão e confusão nos ramais de trens.	RJTV 1ª Ed.	07/10/09
Especialista em transportes fala sobre tumultos na SuperVia.	RJTV 1ª Ed.	07/10/09
Após confusão, ramal de Japeri circula normalmente.	RJTV 1ª Ed.	08/10/09
Confusão na linha férrea do Rio chega ao quarto dia.	RJTV 1ª Ed.	10/10/09
Presidente da SuperVia fala sobre tumultos nos trens.	RJTV 1ª Ed.	13/10/09
Jovem morre ao ser atropelado por um trem.	RJTV 1ª Ed.	14/10/09
Trem reformado volta a circular.	RJTV 1ª Ed.	14/10/09
Temporal causa alagamento, falta de luz e trens parados.	RJTV 1ª Ed.	26/11/09
Tiroteio interrompe circulação de trens em Padre Miguel.	RJTV 2ª Ed.	23/06/09
Problemas dos trens são velhos conhecidos dos passageiros.	RJTV 2ª Ed.	07/10/09
Problemas em trem causam tumulto na Central do Brasil.	RJTV 2ª Ed.	08/10/09
Dia com novos problemas nos trens da SuperVia.	RJTV 2ª Ed.	09/10/09
Policia crê que paralisação da Central do Brasil foi criminosa	RJTV 2ª Ed.	09/10/09
Passageiros enfrentam mais problemas no sistema de trens.	RJTV 2ª Ed.	10/10/09
Polícia acredita que trens do Rio foram sabotados.	Jornal Hoje	09/10/09
Presidente da SuperVia fala sobre agressão em estação.	Jornal Nacional	15/04/09
Seguranças agridem passageiros de trens no Rio.	Jornal Nacional	15/04/09
SuperVia pode ser processada por agressão em estação.	Jornal Nacional	16/04/09
Passageiros causam confusão em estações de trem no Rio.	Jornal da Globo	07/10/09

Fonte: elaborado pelo autor.

O tempo total de veiculação das matérias foi de 1 hora, 45 minutos e 21 segundos durante um período de oito meses. No mês de outubro, a concessionária teve o maior número de aparições: foram seis. No mesmo mês ainda teve a matéria com maior tempo total: o assunto em voga era o tumulto em diversas estações. O tempo total foi 19 minutos e 5 segundos. Os porta-vozes oficiais da empresa, Amin Murad e João Gouveia, ganham voz em seis matérias, totalizando 18 minutos e 3 segundos. Estas são o núcleo da análise proposta nesta pesquisa. Gouveia representou a SuperVia por telefone, enquanto Murad deu duas entrevistas ao vivo e uma gravada.

4.5 Primeira leitura

A presença dos porta-vozes oficiais teve peso diferenciado para destacar seus resultados. Relatos de usuários do serviço de trens urbanos e a abordagem a cada uma das notícias também serviram para guiar a análise. Ainda que não de forma presencial, a opinião da empresa sobre o que está sendo mostrado é de extrema importância e foi também pontuada.

Com a opinião dos usuários do serviço é possível traçar comparativos entre um dia comum e em outro em momentos de crise. Nos 27 vídeos analisados estão contidos depoimentos de 39 diferentes passageiros da concessionária de trens. Devido à reutilização das matérias, alguns deles estiveram em mais de um programa (a opinião foi contabilizada uma única vez). As reclamações mais comuns dizem respeito à falta de pontualidade e qualidade do serviço prestado, como: "Todos os dias ficamos sem trem para Japeri" ou "Ficamos parados no meio da linha", afirmam os entrevistados.

Durante a análise é perceptível a estratégia da SuperVia: postura para assumir seus erros, explicando seus motivos e buscando respostas para que estes não voltem a acontecer. Em 13 momentos, as informações oficiais da assessoria de imprensa da empresa são citadas.

No dia 7 de outubro de 2009, com uma série de problemas, como o incêndio no ramal de Mesquita e a confusão em Japeri, muitos cidadãos ficaram sem o serviço de transporte após terem comprado as passagens. A estratégia adotada pela concessionária foi liberar acesso gratuitamente no dia seguinte até às 10 horas, no ramal Japeri. McLoughlin destaca que:

> Para que um incidente permaneça dentro dessa categoria e não a ultrapasse, o essencial é dar uma resposta completa e oportuna, admitir o erro, se é que houve, e propiciar um processo aberto, sujeito à verificação por especialistas ou pelo público (MCLOUGHLIN, 2004, p. 1).

O que a princípio pareceu uma ótima saída, provocou a superlotação do sistema. Este exemplo é muito importante para entender a necessidade de antever as consequências dos atos. Dessa forma, é possível ajustar a abordagem ao incidente, evitando, assim, novas crises. Em relação à crise, McLoughlin diz:

> Há inúmeras definições de crise. Em minha opinião, a que revela com perfeição seu alcance e intensidade é a seguinte: uma crise é um acontecimento, a revelação de uma informação, uma acusação ou um conjunto de circunstâncias que ameaçam a integridade, o prestígio ou a sobrevivência de uma organização
>
> – algo que desafia a sensação de segurança ou os valores das pessoas. O prejuízo para a empresa – real ou potencial – é considerável, e ela não pode, por si mesma, colocar um ponto final na questão (MCLOUGHLIN, 2004, p. 2).

A palavra *tumulto* é constantemente utilizada nas matérias para definir o que acontece. Até porque o que se vê nas imagens é realmente um grande tumulto. Essa desordem, alardeada continuamente durante o ano, influencia na reputação da SuperVia. Então, percebe-se que direcionar as ações estratégicas de comunicação quando ocorrem os incidentes seja a medida inicial para conter a evolução do problema.

4.6 Os porta-vozes em ação

"Quem tomar por tarefas dar leis a um povo, deve saber como dirigir as opiniões e, através delas, governar as paixões dos homens" (ROSSEAU, 1980 apud PALMA, 1983). Os porta-vozes oficiais da empresa a representam, como fossem suas faces expostas. Nas matérias analisadas são verificados dois dos três porta-vozes oficiais que trabalham para a concessionária de transporte ferroviário. Amin Murad é presidente da SuperVia desde maio de 2006. Formado em Engenharia mecânica pela Universidade Santa Úrsula, foi presidente do Grupo Lachmann, entre 2000 e 2004. João Gouveia assumiu, em janeiro de 2005, o cargo de diretor de operações da concessionária. Gouveia é formado em Engenharia mecânica e pós-graduado em Engenharia de transportes pela USP, com MBA na Fundação Getulio Vargas. Atua há 21 anos no setor ferroviário. Vilella ressalta que:

> Durante a entrevista, o jornalista costuma agir de modo a conquistar sua simpatia. Ele quer te seduzir! E vai demonstrar que o entrevistado pode confiar nele e, assim, falar livremente. Como um camaleão, ele às vezes apoia, outras, desaprova. Muitas vezes seu envolvimento é paternal, julgador benevolente ou parceiro. Ele se ajusta conforme o necessário para deixar o entrevistado mais à vontade (VILELLA, 2008, p. 35).

Gouveia é entrevistado ao vivo no dia 7 de outubro de 2009, por telefone, no RJTV 1ª edição. O diálogo se inicia tendo como tema o tráfego interrompido no ramal Japeri.

Márcio Gomes, âncora do jornal, inicia com a pergunta: "Qual é a situação exatamente, neste momento, no ramal de Japeri? O tráfego de trens ainda está interrompido?". O porta-voz responde de pronto: "Está interrompido, mas neste momento a situação já está sob controle. Nós estamos fazendo uma verificação, uma inspeção, em toda parte de rede aérea da via permanente. Até porque nós tivemos alguns atos de vandalismo. E para que a gente possa restabelecer com segurança a normalidade dos nossos trens, nós temos que fazer esta inspeção com muito critério, para que a gente não venha a ter qualquer tipo de problema." Verifica-se, segundo o teor do depoimento, que não houve fuga do problema, já que Gouveia assume que o tráfego está interrompido, apresentando em seguida as ações adotadas. Dessa forma, ele segue os preceitos apresentados no Quadro 4.1. A entrevista segue neste tom.

Murad aparece cinco vezes em programas da Rede Globo de Televisão, destacando-se duas delas. A primeira análise é feita na entrevista do dia 13 de outubro, mais uma vez no RJTV 1ª edição. A entrevista acontece um dia após problemas na estação Nilópolis e Central do Brasil. Murad apresenta o seguinte dado estatístico: a empresa teria 90% de pontualidade, o melhor índice da história do sistema ferroviário. Renata Capucci, então âncora do jornal, rebate a informação: a pontualidade caiu de 92% para 89%. Uma ação contra os usuários que se posicionam nas portas dos trens é utilizada para explicar esta redução. Isso poderia ter sido citado antes da utilização deste dado desatualizado, ainda influenciado por uma ação pontual.

Na pergunta seguinte, Murad utiliza o dado de pontualidade mais uma vez e diz que para melhorar isso a população deve ajudar não interrompendo o fluxo nas portas dos vagões. Marcio Gomes se posiciona: "Este não é o único motivo para haver atrasos nos trens." Amin Murad reafirma que este é o principal motivo. No que diz respeito ao vestuário, o porta-voz está adequado ao que é apresentado no Quadro 4.2. A velocidade das respostas dá um tom coerente aos argumentos do porta-voz, ainda que em alguns momentos eles sejam questionáveis.

A segunda entrevista destacada foi veiculada para todo o país, no dia 15 de abril de 2009, no Jornal Nacional. Foi realizada logo após a agressão por parte de seguranças a pessoas na estação Madureira. O diálogo se dá em tom tenso. Os âncoras William Bonner e Fátima Bernardes utilizam as perguntas de Murad para direcionar as perguntas seguintes. Este momento parece ter sido de grande valia para o aprendizado, posto em prática na entrevista ao RJTV. Em dado momento, William Bonner fala sobre a falta de preparo dos funcionários da concessionária e questiona sobre quem seria responsável pelo preparo. O porta-voz da concessionária afirma que a responsabilidade é da SuperVia. William Bonner é enfático: "Então, é hora de trocar o sistema de treinamento, não é, senhor Murad?". Murad finaliza a entrevista dizendo: "O senhor tem absoluta razão." Percebe-se, assim, a importância de se estar preparado para formas diferentes de entrevistas, visando não passar uma imagem diferente da que foi previamente definida.

CONSIDERAÇÕES FINAIS

Ao analisar a participação dos usuários do serviço de transporte ferroviário, constata-se que a imagem institucional da SuperVia esteja diretamente ligada a quesitos como: tumulto, confusão, atrasos e desrespeito. Estes aspectos foram fortemente abordados, durante todo ano de 2009, nas matérias estudadas. Lucas (2004) afirma que "as crises podem ser de grande valor para as organizações repensarem suas estruturas, já que a contingência é o termo que melhor define o mundo dos negócios". O mesmo autor completa: "seja como executivo responsável pela área de assuntos corporativos ou como consultor de comunicação empresarial, é importante que você oriente a empresa quanto à força das posturas cotidianas na construção de uma identidade corporativa" (LUCAS, 2004, p. 39).

Foi possível, também, visualizar o quão difícil é trabalhar a comunicação organizacional dentro de um cenário tão desfavorável. Nesta pesquisa observa-se a importância estratégica dos porta-vozes para a comunicação organizacional de uma empresa. O treinamento visando adequação às regras de conduta junto à mídia é fundamental para a utilização desta ferramenta comunicacional. Nos momentos em que o porta-voz da empresa é chamado a falar, este humaniza a organização, representando-a diante da opinião pública. Constata-se, ainda, a evolução do porta-voz segundo as suas próprias experiências. Após uma atuação defensiva e passiva, Amin Murad se apresenta muito mais confiante e preparado em um segundo momento. Isto só vem a respaldar a necessidade de treinamento e atualização dos porta-vozes por intermédio do *Media Training*.

REFERÊNCIAS

BENEVIDES, R. Uma nova proposta para a comunicação dirigida nas empresas. In: _____ . *Uma nova proposta para a comunicação dirigida nas empresas.* São Paulo: Summus, 2004. p. 169-191.

BUENO, W. C. *Comunicação empresarial:* políticas e estratégias. São Paulo: Saraiva, 2009.

CAHEN, R. *Comunicação empresarial.* 13. ed. Rio de Janeiro: Best Seller, 2005.

FARIAS, L. A. B. *Comunicação organizacional:* identidade e imagem corporativas fortalecendo marca e produto. Disponível em: <http://www.comunicacaoempresarial.com.br/>. Acesso em: 15 set. 2009.

FREITAS, R. A assessoria de imprensa e o gestor público: atenção à orquestra midiática. In: LUCAS, L. (Org.) *Media Training:* como agregar valor ao negócio melhorando a relação com a imprensa. São Paulo: Summus, 2007. p. 81-100.

HALLIDAY, T. L. *A retórica das multinacionais:* a legitimação das organizações pela palavra. São Paulo: Summus, 1987. v. 21.

HALLIDAY, T. L. *A construção da imagem empresarial* – quem fala, quem ouve? Disponível em: <http://www.bb.com.br>. Acesso em: 12 set. 2009.

LUCAS, L. (Org.) *Com credibilidade não se brinca!:* a identidade corporativa como diferencial nos negócios. São Paulo: Summus, 2004.

MCLOUGHLIN, B. Um plano de comunicação eficaz. *HSM Management,* ano 8, nº 45, jul.--ago. 2004.

MORGAN, G. Imagens da organização. In: FARIAS, L. A. B. *Comunicação organizacional:* identidade e imagem corporativas fortalecendo marca e produto. Disponível em: <http://www.comunicacaoempresarial.com.br/>. Acesso em: 15 set. 2009.

ORLANDI, Eni Pucinelli. *Análise do discurso:* princípios e procedimentos. 5. ed. Campinas: Pontes, 2003.

PALMA, J. R. *Jornalismo empresarial.* Porto Alegre: Sulina/ARI, 1983.

SCHIAVONI, J. L. Guia rápido de sobrevivência na mídia. In: _____ . *Guia rápido de sobrevivência na mídia.* São Paulo: Summus, 2007. p. 39-55.

THIELMANN, B. A presença do executivo no vídeo: o que a tela da TV conta e você não vê. In: _____ . *A presença do executivo no vídeo:* o que a tela da TV conta e você não vê. São Paulo: Summus, 2007. p. 135-153.

UTCHITEL, R. O clipping como ferramenta estratégica da assessoria de imprensa. In: _____ . *O clipping como ferramenta estratégica da assessoria de imprensa.* São Paulo: Summus, 2004. p. 101-130.

VILELLA, R. *Quem tem medo da imprensa?:* como e quando falar com jornalistas – manual de mídia training. Rio de Janeiro: Ciência Moderna, 2008.

<http://pt.dreamstime.com/imagem-de-stock-royalty-free-uma-comunicação-móvel-image12749416>

5 O PROCESSO DE COMUNICAÇÃO NO PLANEJAMENTO E CONTROLE DA PRODUÇÃO (PCP)

Ricardo Gaz[1]

"Não há Produção sem Recursos.
Não há Recursos Produtivos sem uma adequada Gestão e Engenharia da Produção.
Não há adequada Gestão e Engenharia da Produção sem a devida Comunicação, Competências e Inteligência Humana".

(Ricardo Gaz)

---

[1] Doutor em Ciências da Engenharia de Produção (COPPE-UFRJ), professor titular da UNESA, Membro do Conselho Editorial da *Revista Científica Edu.tec*, membro da Academia Brasileira de Tecnologia Educacional (ABT), auditor interno para ISO 9000 (UFMG-FCO) e consultor de organizações com experiência profissional de mais de 20 anos.

INTRODUÇÃO

Este capítulo aborda de forma qualitativa o Processo de Comunicação no Planejamento e Controle da Produção (PCP). Para tanto, expõe os fundamentos de planejamento, controle e produção, interligando-os nesse Processo de Comunicação. Neste contexto, define um modelo para o Processo de Comunicação, denominado *Comcompetência* (COMCOMPET).

Este modelo COMCOMPET associa competências para cada uma das quatro células existentes em todo Processo de Comunicação Interprofissional, Interdepartamental e Interorganizacional (PCIII): Fonte, Mensagem, Canal e Receptor. Este modelo tem como propósito apoiar a eficiência e a eficácia da transmissão das informações pertinentes às atividades do PCP, e consequentemente a melhoria do desempenho global da organização.

5.1 Motivação

Existe a possibilidade de integrar planejamento, produção e comunicação? Será que nas organizações, sejam em serviços, sejam para fabricação de produtos, não ocorre o processo de comunicação entre seus profissionais? E, percebendo-se sua intrínseca necessidade, ele é bem realizado?

5.2 Hipótese

Sendo assim, partindo-se do pressuposto de que o processo de comunicação existe nessas organizações, gera-se a seguinte hipótese: **Há coexistência ou inter-relação natural, espontânea e mesmo necessária entre planejamento, produção e o processo de comunicação.**

5.3 Justificativa

O presente estudo identifica uma lacuna na literatura existente a respeito da inclusão e importância do PCIII no PCP. A maioria das publicações, trabalhos e, até mesmo, práticas organizacionais, enfatiza as tecnologias e sistemas de informação como alternativas de solução para as organizações, diante de tamanha complexidade de variáveis dos atuais sistemas produtivos.

Por isso, a base deste estudo vem expor o aspecto crítico e crucial no que tange ao processo de comunicação associando às competências dos profissionais no PCP, mais do que focar em sistemas e tecnologias, já que, por hipótese, a comunicação entre os profissionais, o planejamento e a produção precisam estar alinhados entre si antes de qualquer implantação tecnológica.

Por outro lado, estes sistemas e a tecnologia da informação também têm seu valor como auxílio ao processo de comunicação no PCP, embora o foco do presente estudo esteja apoiado no modelo COMCOMPET.

5.4 Contextualização

As duas áreas do conhecimento humano que se relacionam com o processo de produção são a Engenharia de Produção e a Administração da Produção. Neste contexto, pode-se questionar sobre se até mesmo a Engenharia e Administração da Produção, com seus métodos e técnicas para gerir a produção, não irá requerer que haja um processo de comunicação adequado, de modo que haja uma relação diretamente proporcional em um melhor impacto e resultados do desempenho produtivo e consequentemente mercadológico.

5.5 Organização do estudo

A partir desta introdução, com a descrição exposta, a hipótese considerada, a motivação feita e a contextualização, o presente estudo realiza um desenvolvimento teórico, conceitual e qualitativo sobre o PCP.

Isto porque o PCP, considerado a espinha dorsal técnica de e para qualquer produção organizacional, em qualquer segmento de mercado, é fundamental, necessário e estratégico de uma organização.

Sendo assim, expõe-se em seguida o desenvolvimento do presente estudo abordando o PCP, e, posteriormente, apresentando-se o Processo de Comunicação, sua importância e a definição de um modelo para apoiar este PCP.

Entrementes, há articulações entre os fundamentos de planejamento, de controle e de recursos produtivos intencionalmente para ilustrar a importância do PCP. Nesse raciocínio, é feita uma concatenação entre o fluxo da informação, sistemas de informação e o processo de comunicação de modo a enfatizar mais ainda a importância desse processo no PCP.

Por fim, são produzidas considerações finais e, também, apresentadas três inferências para diferentes contextos, caracterizando o aspecto abrangente e, ao mesmo tempo, valioso, da aplicação do modelo COMCOMPET.

5.6 Fundamentos sobre o planejamento e controle da produção (PCP)

"Não há Produção sem Planejamento e sem Controle.
Planejamento alinhado à demanda e Controle alinhado ao Planejamento.
Para tanto, é necessário alinhamento de recursos-meio e re-
cursos-fim: os alicerces da produção.
Todavia, o recurso-origem é o cérebro humano".

(Ricardo Gaz)

5.6.1 Definições iniciais

Devido ao fato de os campos do conhecimento da Engenharia de Produção e da Administração da Produção abarcarem, na teoria e na prática o PCP, é necessário um entendimento prévio dessas duas áreas, antes de se estudarem os fundamentos desse PCP.

Dessa forma, em seguida são apresentadas duas definições para Engenharia de Produção e Administração da Produção.

- **Engenharia da produção**

A Engenharia de produção abrange o projeto, o desenvolvimento e a execução de sistemas integrados de equipamentos, máquinas, informações, profissionais, materiais, recursos, energia, todos com fins de produção de bens e serviços. Mais ainda, preconiza-se na Engenharia de Produção uma utilização de recursos para produção de forma otimizada, levando-se também em consideração os preceitos éticos, culturais, sociais e ambientais.

A Engenharia de Produção tem como base os conhecimentos específicos e habilidades associadas às ciências físicas, matemáticas e sociais, assim como aos princípios e métodos de análise da engenharia de projeto para especificar, predizer e avaliar os resultados obtidos por tais sistemas (BATALHA, 2011, p. 1).

- **Administração da produção**

A Administração da produção trata da maneira pela qual as organizações produzem bens e serviços. Tudo o que se veste, ingere-se, utiliza-se, lê ou lança-se na prática de esportes chega ao seu destino – mercado-alvo, graças aos gerentes de produção que organizaram (SLACK et al. 2009, p. 3).

A gestão de produção e operações ocupa-se da atividade de gerenciamento estratégico de recursos escassos – humanos, tecnológicos, dentre outros –; de sua interação e dos processos que produzem e entregam bens e serviços, visando atender a necessidades e/ou desejos de qualidade, tempo e custo de seus clientes (CORRÊA; CORRÊA, 2005, p. 5).

Subentende-se que em todas as definições há elementos comuns de conhecimento e prática que fomentarão a transmissão da informação, de forma clara, objetiva ou mesmo com grau de precisão adequado, é inerente à inteligência humana e sempre causa para que haja uma engenharia e gestão profícuas.

5.6.2 *Fundamentos sobre Planejamento e Controle da Produção (PCP)*

O PCP é uma coluna fundamental no processo produtivo de toda organização, isto é, de toda Administração e Engenharia da Produção. Neste contexto, em seguida são apresentadas algumas definições para planejamento, controle e recursos, as quais servem de compreensão para os fundamentos do PCP.

Os fundamentos do PCP, que constituem a base, e ao mesmo tempo, os catalisadores para melhorias na produção, podem ser entendidos a partir de um fluxo de rede, contínuo e de duplo sentido, conforme é apresentado na Figura 5.1 a seguir:

Figura 5.1 – O fluxo de rede, contínuo e reverso do PCP

- **Planejamento**

Há diversas definições para planejamento, sendo duas delas, entrelaçadas entre si, apresentadas a seguir:

1. Projetar o futuro diferentemente do passado (CORRÊA; CORRÊA, 2005, p. 332).
2. Entender como a consideração conjunta da situação presente e da visão de futuro influenciam as decisões tomadas no presente para

que se atinjam determinados objetivos no futuro (CORRÊA; CORRÊA, 2005, p. 332).

Estas duas definições sinalizam para a importância do sucesso do planejamento e sua implantação, no tempo presente e futuro, de uma organização. Isto é um fator relevante do ponto de vista corporativo e mercadológico.

Outra forma de entender essas definições é entender que o planejamento é uma função administrativa que busca definir de modo prévio as metas de uma organização, de como serem atingidas, através da otimização dos recursos de entrada.

Neste contexto, há questões básicas que precisam ser respondidas tais, como:

- Como fazer para atingir as metas.
- Quando executar de modo a se tornar mais eficiente (desperdiçando o mínimo de energia, tempo e recursos – alcançando as metas da melhor forma) e eficaz (alcançando as metas).
- Quanto (de recurso, materiais etc.) realizar para se alcançarem as metas.
- O que se deve executar (quais ferramentas, métodos etc.) para o alcance das metas.
- Por que (explicação racional viável e visando produtividade) e para que (razão de ser, motivo etc.) devem ser atingidos os objetivos propostos.

Em síntese, na prática, o processo administrativo resume-se a duas fases:

1. A elaboração do planejamento.
2. O planejamento em si mesmo.

Uma terceira fase desse processo seria a do controle, apresentado a seguir.

- **Controle**

É uma das principais atividades do processo administrativo de uma organização: o Controle. Ele consiste em mensurar, ajustar e/ou corrigir o desempenho e produção de modo a assegurar que o planejamento seja realizado da melhor forma possível.

Em outras palavras, o controle é realizado para que o processo administrativo complete suas três fases, para ao final entregar os requisitos do usuário, com a qualidade percebida pelo cliente, dentro prazo de entrega e orçamentos planejado.

Em tese, o objetivo dessa tarefa é verificar se o prescrito está sendo feito em conformidade com o planejado. E assim, o planejamento é a primeira fase do processo administrativo, e o controle sua última fase.

Neste contexto, existe uma série de métodos e ferramentas com indicadores – quantitativos e qualitativos –, para que o controle seja progressivamente melhor de modo a garantir que o planejado seja realmente implantado.

Integrando as três fases – elaboração, planejamento e controle –, do ponto de vista produtivo, forma-se um duplo objetivo:

1. Atuar sobre os meios de produção para aumentar a eficiência.
2. Cuidar para que os objetivos de produção sejam plenamente alcançados.

Para tanto, é preciso saber de que recursos uma organização precisará para que esses dois itens possam ser contemplados de modo adequado.

Os recursos necessários para produção também estão associados ao que é solicitado pelo mercado, isto é, pela demanda em termos de quantidade e tipos de produtos – bens ou serviços. Neste contexto, o conhecimento sobre a demanda e/ou a previsão dela também serão fundamentais para o alcance desse objetivo duplo. Destarte, em seguida, são apresentadas noções sobre recursos, relacionando-os à demanda, aos fornecedores e as tomadas de decisão de uma organização.

- **Recursos**

Recursos podem ser entendidos de várias formas, embora se saiba tanto em teoria quanto na prática que dizem respeito a algo fundamental para uma organização, mercado e/ou sociedade.

E nesse sentido, não é à toa que há mais de 18 anos que o futurista Toffler já preconizava que a base de conhecimento é um recurso socialmente constituído, conforme se segue:

> Todos os sistemas econômicos estão instalados sobre uma "base de conhecimento". Todas as empresas dependem da preexistência deste recurso socialmente constituído. [...] esse recurso (em parte pago, em parte explorado gratuitamente) é, agora, o mais importante de todos (TOFFLER, 1995, p. 108).

E, do ponto de vista produtivo, isso também pode ser relevante na medida em que a previsão da demanda esteja sob uma forma de base de conhecimento bem como o recurso necessário a ela.

Em tempos modernos tecnológicos, de uma forma sintética, há três áreas de aplicação da previsão da demanda, relacionando-a aos recursos de uma organização e que podem muito bem perfazer uma base de conhecimento – computacional de preferência ou mesmo não sendo computacional:

- **Recursos desejados**

São em geral os recursos correspondentes a decisões de longo prazo – de cinco anos, ou até mesmo para gerações futuras já que podem envolver recursos potenciais renováveis, renováveis e/ou renováveis não escassos.

Essas decisões dizem respeito a todas as necessidades de longo prazo, contextualizadas em um ambiente de produção no que tange à capacidade produtiva e de um projeto de rede de instalações.

- **Recursos adicionais**

São em geral recursos correspondentes a decisões de médio prazo.

Essas decisões dizem respeito à programação da utilização de capacidade a mais, adicional, de transporte e armazenagem em períodos de *rush* e o relacionamento com fornecedores de tais serviços de forma a ter contatos favoráveis, preestabelecidos, de média duração.[2]

- **Recursos existentes**

São os recursos que correspondem às decisões de curto prazo, pois são atrelados à programação de utilização de recursos já existentes ou presentes da organização.

Estas decisões dizem respeito às questões com intervalos de tempo muito curtos tais como uma semana, um mês até cerca de três meses (curtíssimo e curto prazo), de modo, por exemplo, a acompanhar as flutuações da demanda nesses mesmos intervalos de tempo para que haja um adequado planejamento da produção, programação da força produtiva ou de trabalho, planejamento dos fluxos de materiais e todas as necessidades de produção imediata ou que serão produzidas em curtíssimo ou curto prazo.

Essas previsões influenciam rápida e diretamente toda a parte operacional produtiva, bem como as datas de entrega com as quais a organização se comprometeu.

Em seguida, serão apresentadas todas as atividades que correspondem ao PCP, uma vez que os recursos produtivos são seus alicerces, embora os

---

[2] O SCM – *Supply Chain Management* – é uma ferramenta que lida com as relações entre fornecedores e a organização, com os serviços por eles fornecidos e o que a organização irá realizar/produzir. Há criação, desenvolvimento e execução de modelos próprios, de acordo com os tipos de organizações, para melhorar progressivamente o próprio SCM – *Supplier Chain Management* –, bem como o SCM (*Supply Chain Management* – Gestão da Cadeia de Suprimentos).

recursos-origem sejam o cérebro humano, isto é, para se conseguirem os devidos recursos produtivos e conhecimento sobre a demanda de mercado são necessárias: competências e inteligência humana.

5.7 O planejamento e controle da produção (PCP) e suas dez atividades

"Não há Planejamento e Controle da Produção adequado sem um fluxo de informação ágil, contínuo e ao mesmo tempo suave.

E em um mundo incerto, complexo, global e aleatório, ferramentas tecnológicas auxiliam esse fluxo.

No entanto, sem integração entre processos, atividades, departamentos e profissionais uma organização jamais pode triunfar."

(Ricardo Gaz)

5.7.1 O PCP e suas dez atividades

De uma forma geral, o PCP coordena e aplica os recursos produtivos com vistas a atender de forma ótima os planos preestabelecidos nos seus níveis estratégico, tático e operacional.

Ele é composto por dez atividades inter-relacionadas, cada uma com suas características, propriedades e responsabilidades próprias. De modo sucinto, são apresentadas essas dez atividades a seguir, ilustrando-se com um modelo gráfico que descreve o fluxo de informação, através das setas orientadas, pertencentes a todo PCP.

- **Atividade 1: Departamento de Marketing**

Este departamento envolve uma série de atividades que se correlacionam diretamente com informações, estratégias e comportamento de mercado.

Nesse contexto, por exemplo, a previsão de vendas e/ou previsão da demanda tornam-se parâmetros fundamentais para que o PCP receba as informações precisas ou com elevados graus de precisão de modo a impulsionar, gerar e gerir otimamente a produção.

É importante ressaltar-se que essa previsão não pode ser confundida com meta(s) de produção. Mais ainda, devem-se considerar em termos quantitativos a estimativa de erros de previsão, a própria previsão e quando, quanto e por que será produzido nesse sentido.

80 Comunicação empresarial • França

Figura 5.2 – O fluxo da transmissão das informações e o planejamento e controle da produção.

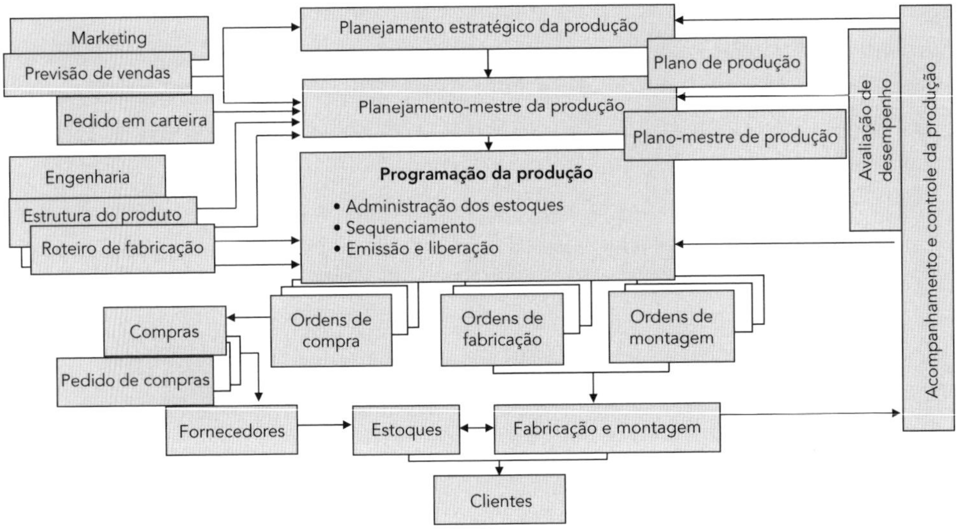

Fonte: Tubino, 2009, p. 162.

No contexto nacional e de planejamento de mercado, Gracioso (2007, p. 39) enfatiza que é possível bem como necessário se realizar um Planejamento Estratégico (PE) orientado ao mercado no Brasil.

E nesse caso, o Planejamento Estratégico da Organização deve compor-se, integrar e/ou alinhar o Planejamento Estratégico orientado ao mercado com o Planejamento Estratégico da Produção.

- **Atividade 2: Planejamento Estratégico da Produção**

É também conhecido como Plano de Produção (*Production Planning*). Trata-se da elaboração de como se realizará a produção de bens e/ou serviços. Está também diretamente associado ao Planejamento Estratégico da Organização.

Mais ainda, o Planejamento Estratégico da Produção deve trabalhar em comunicação direta e dinamicamente ao Planejamento-Mestre da Produção (PMP), em seguida apresentado.

- **Atividade 3: Planejamento-Mestre da Produção (PMP)**

Segundo a APICS[3] (APICS, 2013), o PMP é o plano prévio de produção, dos itens a cargo do planejador-mestre.

---

[3] APICS é a sigla para *American Production and Inventory Control Society*. É uma organização americana que se ocupa com uma série de atividades tais como:

O PMP tem como responsabilidade principal coordenar a demanda do mercado com os recursos internos da empresa para fins de programação de taxas adequadas de produção de produtos finais, mormente aqueles que têm uma demanda independente, isto é, quando a demanda futura precisa (ainda) ser prevista, ela escapa ao controle da organização em termos de previsão. Quando há previsibilidade e conhecimento da demanda, esta denomina-se demanda dependente.

Em outras palavras, consiste em estabelecer um PMP de produtos finais, detalhado em médio prazo, período a período, com base nas Previsões de Vendas (PV) e/ou nos Pedidos de Carteira[4] (PC) ratificados.

Isso deve ser analisado quanto às necessidades de recursos produtivos com a finalidade de identificar possíveis gargalos, restrições e potenciais problemas, presentes e futuros, que possam inviabilizar o Plano em termos de sua execução no curto prazo.

O PMP é o componente central de toda estrutura produtiva, sendo gerado a partir do Planejamento Agregado de Produção (PAP), apresentado em seguida, desdobrando-o em produtos acabados. Com isso, orientam-se as ações do Sistema Produtivo no curto prazo e estabelecem-se quando e em que quantidade cada produto deverá ser produzido seguindo e/ou cumprindo também os prazos preestabelecidos no cronograma.

- **Atividade 4: Planejamento Agregado da Produção (PAP)**

É a atividade realizada em termos de famílias de itens.

Especificamente, os produtos são agregados em um formato de famílias de produtos ou de itens de produtos similares ou semelhantes, não sendo assim definidos de forma a terem uma constituição individual e plenamente especificada tecnicamente.

Embora mais raros atualmente, certos casos e contextos organizacionais, quando há previsibilidade e nível elevado de repetição de produção dos produtos, o PAP é inserido ou absorvido pelo PMP.

- **Atividade 5: Planejamento da capacidade**

É a atividade que tem como objetivo calcular a carga de cada centro de trabalho para cada período no futuro, visando prever se haverá capacidade

---

1.   Unir acadêmicos e profissionais da área prática de PCP.
2.   Realizar congressos sobre PCP, de áreas afins e correlatas.
3.   Padronizar nomenclaturas e terminologias.

[4] Pedidos de carteira são todos os pedidos de clientes, de produtos que já foram vendidos, embora sem terem sido despachados.

para executar um determinado plano de produção para suprir uma determinada demanda de produtos e serviços.

A capacidade produtiva possui várias definições, sendo uma delas:

> O volume máximo potencial de atividade de agregação de valor que pode ser atingido por uma unidade produtiva sob condições normais de operação (CORRÊA; CORRÊA, 2005, p. 288).

Enfim, o Planejamento da Capacidade fornece dados e informações para futuros planejamentos de capacidade, visando identificar gargalos e restrições, estabelecer a programação de curto prazo e estimar prazos viáveis das encomendas.

- **Atividade 6: Sequenciamento da produção**

É a atividade de programação que determina o prazo das atividades a serem cumpridas. E existe uma ordem para produção que é distribuída para os centros de produção.

Todas as ordens de produção são distribuídas aos centros de produção e equipamentos a partir da posse completa e fidedigna das informações tais como: disponibilidade de equipamentos; mão de obra; matérias-primas; processo de produção; tempos de processamento; prazos e prioridade das ordens de fabricação.

Em síntese, os objetivos principais do Sequenciamento da Produção são: reduzir o estoque em processos (daquilo que está ou estará sendo processado/produzido); aumentar a utilização dos recursos (produtivos); reduzir os atrasos no término dos trabalhos/operações.

- **Atividade 7: Gestão de estoques**

Os estoques ficam no topo das agendas das organizações, pois todo recurso produtivo relaciona-se diretamente com a quantidade de recursos financeiros. Os estoques são considerados acúmulos de materiais entre fases específicas dos processos de transformação, desde a entrada do insumo até a saída do produto acabado ou produto final.

Corrêa e Corrêa (2005) abordam os estoques de modo prático e objetivo da seguinte forma:

> – Estoques de materiais (insumos): servem para regular diferentes taxas de suprimento – pelo fornecedor – e de demanda – pelo processo de produção (CORRÊA; CORRÊA, 2005, p. 356).

– Estoque de Produtos: servem para regular diferenças entre as taxas de produção e de demanda de mercado (CORRÊA; CORRÊA, 2005, p. 356).

De uma forma geral, são os seguintes tipos de estoques: de matérias-primas (insumos); de itens-componentes comprados ou produzidos internamente; de produtos acabados; de produtos em processo; de ferramentas e dispositivos para as máquinas; de peças de manutenção; de materiais indiretos.

Depreende-se, portanto, que a gestão dos estoques fica sendo responsável pelo planejamento e controle de entradas e saídas bem como os níveis de estoque, tornando-se, assim, crucial no PCP.

Esta atividade fundamental serve também para as organizações que trabalham com estoques de diferentes tipos serem gerenciadas de modo centralizado em um depósito e/ou distribuídas por vários pontos (CD's – Centros de Distribuição).

Além disso, o equacionamento de tamanhos dos pedidos/ordens, a forma de reposição e os estoques de segurança de todo o sistema produtivo se tornam também fatores críticos.

Neste contexto, de forma sintética, seguem as principais funções dos estoques: reduzir os *Leads Times* (tempos de ressuprimento) produtivos; para obter vantagens de preços; possibilitar o uso de lotes econômicos; garantir a independência entre etapas produtivas; permitir uma produção constante; como fator de segurança.

- **Atividade 8: Emissão e liberação de ordens**

Esta atividade consiste na emissão e liberação das ordens de fabricação, montagem e compras. A emissão e liberação das ordens de fabricação, montagem e compras permitirão aos diversos setores operacionais da organização fazer a execução de suas atividades de forma coordenada, no sentido de atender a um determinado plano de produção projetado para um determinado período.

É importante ressaltar que devem chegar informações corretas em uma ordem de fabricação, montagem e/ou compras de modo que os setores responsáveis possam executar suas atividades. Como ilustração de sua importância em termos das informações existentes, essa ordem deve conter a especificação do item, o tamanho do pedido, a data de início e a conclusão das atividades.

Mais ainda, dependendo do tipo de produção, junto com essa ordem podem seguir desenhos e instruções técnicas que complementarão as informações aos operadores de como proceder em suas atividades.

- **Atividade 9: programação de produção**

Esta atividade consiste em estabelecer em curto prazo quanto e quando comprar, fabricar e/ou montar de cada item necessário à composição dos produtos finais.

No final do processo são dimensionadas e emitidas ordens de, respectivamente:

- Compra para os itens comprados.
- Fabricação para os itens fabricados internamente.
- Montagem para as submontagens intermediárias e montagem final dos produzidos e definidos no PMP.

Ela também se encarrega de fazer o sequenciamento das ordens emitidas para otimização dos recursos.

Observações importantes até agora para as atividades mencionadas no que diz respeito às análises de futuras condições de mercado e previsão da demanda futura para a elaboração do planejamento:

- Em curto prazo: estão relacionadas com a Programação da Produção e decisões relativas à Gestão do Estoque.
- Em médio prazo: auxilia no PAP e no PMP.
- Em longo prazo: auxilia nas decisões de natureza estratégica, como ampliações de capacidade, alterações na linha de produtos e desenvolvimento de novos produtos.

- **Atividade 10: Acompanhamento e controle da produção**

Esta atividade diz respeito à garantia, por meio de coleta e análise de dados, que o Programa de Produção emitido seja executado a contento. Medidas de ajustes e correções podem e devem ser feitas caso se consiga identificar problemas e, portanto, indicadores são usualmente construídos tais como: os indicadores (ou índices, no tempo):

- Indicadores de defeitos.
- Indicadores de eficiência.
- Indicadores de horas-máquina.
- Indicadores de consumo de materiais e de perdas.

Neste contexto, indicadores e avaliação do desempenho também são utilizados. Mas, quando se trata de macroprocessos, cenários complexos, medidas e profissionais em grandes quantidades tornando o processamento de informação manualmente feito, um problema ou mais problemas são acrescidos, devido ao enorme tempo despendido para registro e análise.

Destarte, sistemas de informação, tecnologias da informação são criados para facilitar, acelerar e apoiar tudo isso. Esses conteúdos serão vistos em seguida.

5.8   Sistemas, tecnologias e comunicação nas organizações

"Sistemas e Tecnologias da Informação apropriadas servem para catalisar o processo de transmissão de informações em uma organização.

Contudo, é preciso profissionais competentes tecnicamente e excelentes humanamente para que o processo de transmissão de informações seja triunfante.

Por isso, tecnologia sem comunicação e sem profissionais adequados não funciona, não apoia, atrapalha a produção e tudo mais."

(Ricardo Gaz)

5.8.1   Os sistemas, a tecnologia da informação e a comunicação nas organizações

Identifica-se global e facilmente, a utilização da Tecnologia da Informação (TI) em vários âmbitos e necessidades, seja com iPod, iPad, *laptop*, nobo, netbook, iPhone, *tablet*, *desktop*, em níveis individuais ou pessoais, seja com os sistemas integrados (ERP – *Enterprise Resource Planning*), sistemas colaborativos, sistemas especialistas, sistemas corporativos e sistemas inteligentes (da Inteligência Artificial, Neurocientífica e outras aplicações).

Nora e Minc (1981) já mostravam as consequências da informatização na sociedade, no mercado:

> As consequências de uma informatização maciça sobre o emprego resultam de um saldo: o resultado de uma corrida de velocidade entre a liberação da mão de obra ligada aos ganhos de produtividade e o aumento das aberturas que pode resultar de uma competitividade assim melhorada (NORA; MINC, 1980, p. 31).

Nesse sentido, em termos corporativos atualmente, facilmente identificam-se a criação, o desenvolvimento e a aplicação da TI em vários níveis: estratégicos, táticos e operacionais.

Graeml (2003) preconiza que a Tecnologia da Informação desempenha um papel estratégico nas organizações à medida que permite a reengenharia dos processos de negócio. Mais ainda, que a demanda por recursos TI ocorre em todas as áreas da organização, deixando-as dependentes de seus sistemas de informação.

Segundo Stair e Reynolds (2005), os sistemas são constituídos por um conjunto de componentes inter-relacionados que coletam, manipulam, armazenam e disseminam dados e informações com a finalidade de apoiar a realização das atividades que compõem os processos associados aos objetivos de negócio das organizações.

Neste contexto, Sistemas e Tecnologia da Informação (STI), projetados e implantados, acabam se tornando um recurso organizacional, e, ao mesmo tempo, um potencial de valor agregado, e por isso requererem uma gestão adequada.

Dessa forma, desde a elaboração de um projeto, por exemplo, quanto à escolha dos Sistemas e Tecnologias da Informação, até na execução/implantação, um Processo de Comunicação Interprofissional/Interdepartamental (PCII) adequado deverá ser necessário para apoiá-los e também gerenciá-los.

Em termos de PCP, a integração dessas ações: projeto e implantação de STI e um Sistema Produtivo (SP) – tudo que diz respeito ao que ainda será construído em termos de instalações, equipamentos, leiaute, movimentação, transporte, entre outros – serão cruciais para o alcance dos objetivos estratégicos organizacionais.

Nesta ação integrativa: STI e SP, princípios de otimização, racionalização, economicidade, uniformidade, padronização, encadeamento, são alguns indicadores para eficiência – o alcance das metas produtivas com mínimo de energia, tempo, e eficácia – o alcance das metas produtivas, servindo ao PCP e consequentemente beneficiando a organização.

Há mais de 14 anos, Laoudon e Laoudon (1999, p. 456) já preconizavam que na economia global há o crescimento e a necessidade de existir uma infraestrutura de modo que seja possível e viável a criação de um Sistema de Informação Global triunfante.

Para tanto, para uma criação, o desenvolvimento e a execução de um Sistema de Informação triunfante e/ou para que haja uma adequada integração entre SP e STI é preciso também que haja profissionais competentes, tanto os que projetam quanto os que executarão e gerenciarão. Neste caso, uma série de competências será necessária, e o processo de comunicação certamente será o fator diferenciador, já que comunicação é algo que inicia desde a origem/produção de uma informação até o seu destino/transmissão final.

Portanto, em seguida, é apresentado um Modelo de Comunicação que insere as competências necessárias para todo Processo de Comunicação, de modo que haja SP, PCP, STI, todos alinhados entre si, com vistas a um desempenho progressivo superior produtivo-organizacional.

5.8.2 O processo de comunicação

Na prática, é comum a seguinte ocorrência: nem tudo que é falado é ouvido; nem tudo que é ouvido é escutado; nem tudo que é escutado é entendido. Mais ainda, nem tudo que é entendido é praticado. Por isso que crucial é serem dadas a devida atenção e necessárias competências ao "que, como, por que e quando se falam" ao se transmitir uma informação, estabelecendo um adequado canal de comunicação com as outras pessoas.

Em termos de teorias da comunicação humana, o processo de comunicação diz respeito a toda comunicação existente entre a fonte e o receptor (BERLO, 1970; THAYER, 1979; THOMPSON, 1973).

Em âmbito tecnológico e atual, a comunicação pode existir entre máquinas, entre máquina e pessoa, e entre pessoa e outra pessoa, usando uma máquina como intermediária ou não.

Em outras palavras, é possível se ter quatro modalidades fundamentais de interação/comunicação, tais como:

1. Pessoa(s) interagindo com uma máquina. E, portanto, haverá um processo de comunicação entre pessoa(s) e máquina.
2. Máquina(s) interagindo entre si. E, portanto, haverá um processo de comunicação entre máquina(s).
3. Máquina(s) interagindo com pessoa(s) como destino(s) ou receptáculo(s) da informação final. E, portanto, haverá um processo de comunicação de máquina(s) com pessoa(s).[5]
4. Pessoa(s) com pessoa(s) interagindo, com ou sem máquinas. E, portanto, haverá um processo de comunicação entre pessoas, utilizando-se máquinas, ou não, como intermediárias.

Sendo assim, o processo de comunicação pode ser definido como o processo de transmissão da informação a partir de um emissor até chegar ao receptor, de forma que este, ao receber a informação, devolva ao emissor a mesma informação, fechando o ciclo e oferecendo-lhe um *feedback* ou retroalimentando-o.

---

[5] Em um futuro não tão distante, as máquinas serão "inteligentes" (contendo sistemas inteligentes, com inteligência artificial) ao ponto de realmente se comunicarem entre si e com os seres humanos, assim como os seres humanos terão que se comunicar com máquinas "pensantes" (e com "sentimentos") de modo interativo, inteligente, globalmente.

Neste contexto, sem receptor inexiste o processo completo de comunicação, bem como sem emissor não há como iniciar seu ciclo.

5.8.3 A Origem do Modelo COMCOMPET

Figura 5.3 – A Base do Modelo COMCOMPET[6]

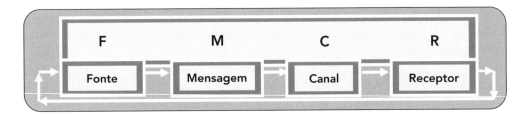

A Figura 5.3 representa de forma sintética e graficamente o processo de comunicação, desde a fonte ou emissor da comunicação, passando pela mensagem, canal e o receptor ou seu destino. Ainda ilustra o *feedback* ou a retroalimentação, cuja função é realimentar com informação o emissor de modo a melhorar a cada tempo e espaço sua nova comunicação, emissão e/ou transmissão da informação.

Em termos empresariais, as competências organizacionais estão interligadas na criação de valor para a organização. Pois não basta ter recursos à disposição de uma organização, já que eles não sabem trabalhar sozinhos, não possuem vida, inteligência ou racionalidade própria. Os recursos precisam ser geridos; geridos com auxílio de competências. Estas competências são classificadas em essenciais, funcionais, gerenciais e individuais, denominadas como: "a cascata das competências organizacionais" (CHIAVENATO, 2007, p. 383-384).

A competência essencial diz respeito à produção de indicadores de desempenho que tornam uma organização diferenciada, destacando-a no mercado.

A competência funcional está relacionada a cada área da atividade organizacional, isto é, cada unidade, divisão, departamento, seção da organização. A competência gerencial está relacionada com o trabalho gerencial, isto é, a competência dos gestores em realizar seu trabalho. A competência individual ou pessoal é o conjunto de fatores agrupados tais como conhecimentos, habilidades

---

[6] Este modelo foi apresentado no artigo: "A importância do processo de comunicação nas organizações" (GAZ, 2003). Mas o presente artigo desenvolve-o, apresentando-o e integrando-o com as várias competências necessárias de se ter e/ou de se exercitar e praticar, além da interligação específica com o PCP.

e atitudes pessoais que, de uma forma integrada, são aplicadas em uma determinada atividade na organização.

Neste contexto, esta última competência se inter-relaciona diretamente com as competências existentes do processo de comunicação profissional. Além disso, também há uma inter-relação diretamente proporcional com as competências existentes no processo de comunicação interprofissional, intergerencial, interdepartamental e interorganizacional, com todas as três competências mencionadas: gerencial, funcional e essencial.

Portanto assim, em cada uma das quatro células: F (Fonte), M (Mensagem), C (Canal), R (Receptor) há uma série de competências de modo que haja um processo de comunicação profícuo, sem ruído, sem interferência, ou com redução máxima de anomalias e/ou falhas. A Figura 5.4 ilustra cada uma dessas competências associadas a cada célula do Processo de Comunicação.

Figura 5.4 – As Competências associadas às quatro células do processo de comunicação

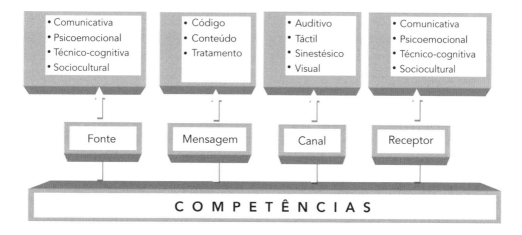

Em seguida, é apresentada cada célula: Fonte, Mensagem, Canal e Receptor, sendo descritas suas respectivas competências.

- **A Fonte ou o Emissor**

A Fonte, ou o Emissor, representa o ponto de partida de todo processo de comunicação, transmitindo alguma informação a alguém. Esta Fonte contém quatro fundamentais competências: Comunicativa; Psicoemocional; Técnico-Cognitiva; Sociocultural.

1. Competência Comunicativa:

Esta competência é fundamental no processo de comunicação. Ela aborda as seguintes questões comunicativas que são subdividas em cinco competências ou saberes, a seguir:

- Competência para falar ou saber falar.
- Competência para ouvir ou saber ouvir.
- Competência para ler ou saber ler.
- Competência para escrever ou saber escrever.
- Competência para raciocinar ou saber raciocinar.

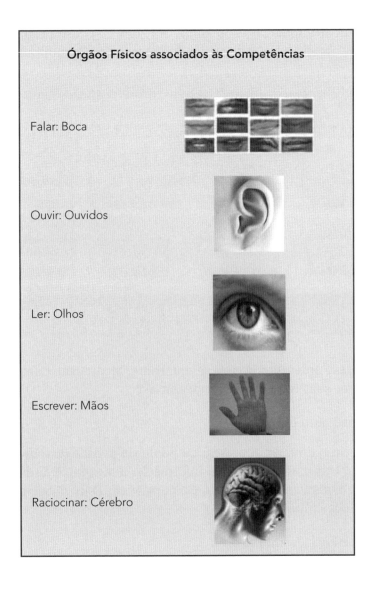

Na prática, por exemplo, um operador de máquina ao receber uma determinada informação de seu supervisor ou gerente de produção precisa saber ouvir, ou saber ler e saber raciocinar para poder corretamente agir. Ou ainda, saber falar caso haja alguma dúvida, por exemplo.

É importante considerarmos que as cinco competências subdivididas se entrelaçam, e se bem dominadas pelo emissor e/ou receptor, esta primeira competência, o processo de comunicação torna-se quase que corretamente realizado.

No entanto, não se pode esquecer que cada pessoa tem sentimentos, emoções, que irão apoiar, ajudar, ou atrapalhar, interferir suas decisões e ações bem como sua comunicação (GAZ, 2006).

Portanto, no próximo item expõe-se a competência necessária denominada Competência Psicoemocional.

2. Competência Psicoemocional:

Esta competência diz respeito aos aspectos não racionais, emocionais, tanto do emissor quanto do receptor.[7]

Dependendo do dia, da hora, essa questão pode tornar-se mais crítica.

Se o profissional não está bem consigo mesmo, certamente influenciará negativamente também nessa competência. O inverso é também verdadeiro, isto é, positivamente influenciará a ação do processo comunicativo.

Mais ainda, se o profissional for realizar determinada tarefa, atividade ou processo, e não há desejo ou gosto por esta ação, certamente isso acarretará uma influência negativa no que tange à competência psicoemotiva do profissional.

Outrossim, se o receptor não tem uma simpatia ou ressonância afetiva com seu emissor, certamente o processo de comunicação pode resultar em um fracasso, embora apareça sob outras formas e em fases outras ao longo de seu ciclo.

Já preconizava Goleman (2001) sobre o poder da prática da inteligência emocional, embora aparente ser uma contradição cartesiana: inteligência (razão) *versus* emoção.

É realmente apenas uma aparência, pois em termos de processo de comunicação e da utilização dessa inteligência emocional tem-se a seguinte máxima:

> Saber ouvir é tão inteligente quanto saber falar, mas saber sentir o que o outro deseja expressar e saber reagir com a emoção adequada e dosada é

---

[7] No item Receptor, mais adiante, é informado que estas competências requerem também, os mesmos aspectos, exatamente iguais ao do Emissor.

muito mais sábio e oportuno para que haja uma comunicação límpida, nobre e efetiva – eficaz e eficiente (GAZ, 2003).

Neste contexto, uma inteligência ou competência psicoemocional torna-se um exercício contínuo e progressivo para que o processo de comunicação seja adequado, não sendo alterado, distorcido ou reduzido, nem tampouco eliminado por completo, indo além do próprio conhecimento em si mesmo, o qual é abordado em seguida.

3. Competência Técnico-Cognitiva:

Esta competência envolve o conhecimento técnico e cognitivo de quem emite a mensagem-informação. É preciso que haja um conhecimento no nível adequado, nem ultraespecializado nem subotimizado de modo que haja adequada emissão assim como na ponta de recepção se tenha um mesmo nível de conhecimento para bem recebê-la.

Todo profissional detém algum conhecimento técnico, de sua área de atuação, independentemente do nível e formação. Pode ser até mesmo adquirido pela experiência no tempo em uma determinada atividade.

Nesse caso, a competência técnico-cognitiva diz respeito ao conhecimento que o profissional tem, adquiriu e desenvolveu, ou é algo inato, mas racionalmente concebido e tratado, servindo tanto para quem emite a mensagem-informação quanto para quem a recebe.

Em âmbito organizacional, mormente no processo da comunicação, a competência técnico-cognitiva pode gerar mais e melhores resultados, quando gerenciada via gestão do conhecimento, e, consequentemente, gestão dessa competência.

Segundo Nonaka e Takeuchi (1997), o conhecimento é dividido em dois grupos:

- Tácito – conhecimento informal. Ele está presente nas ações, nos desejos e emoções das pessoas.
- Explícito – conhecimento codificado em manuais. Há um registro formalizado, oficializado, codificado.

Há também os modos ou meios pelos quais o conhecimento é convertido de tácito para explícito:

- Socialização – quando se compartilham experiências com outras pessoas.
- Externalização – quando se fazem analogias entre teorias ou modelos mentais.

- Combinação – quando acontece uma junção de conhecimentos adquiridos para se gerarem novos conhecimentos.
- Internalização – quando o conhecimento é assimilado pela organização.

É possível identificar que, embora as competências expostas no presente estudo estejam classificadas e definidas em separado, todas elas se inter-relacionam de alguma forma, mormente se entendida uma pessoa como sendo um ser total, holístico, integral.

É importante também considerar que as diferentes formações e individualidades também emergem, e isso irá requerer uma quarta competência: a Sociocultural, conforme se segue.

4. Competência Sociocultural:

É importante ser considerado nesta competência o aspecto que relevam tanto Ashley (2002) quanto Black e Härtel (2006) sobre a responsabilidade social que pode ser definida como o compromisso que uma organização deve ter com a sociedade agindo proativamente e coerentemente no que tange a seu papel específico na sociedade e a sua prestação de contas para com ela. A organização, nesse sentido, assume obrigações de caráter moral, além das estabelecidas em lei (ASHLEY, 2002, p. 6).

Em síntese, por exemplo, classificam-se dois tipos de culturas.

- De alto contexto: são culturas que utilizam amplamente indícios não verbais e sinais situacionais sutis no processo de comunicação.
- De baixo contexto: são culturas que utilizam essencialmente a palavra para transmitir significados no processo de comunicação.

Neste contexto, em um mundo globalizado e multicultural, já existente dentro das organizações, em um planejamento e controle de produção, é necessária a competência sociocultural, isto é, conhecer social e culturalmente quem está destinado a receber a informação e como melhor lidar com as diferenças.

Conforme preconizam Leonard e Straus (2000, p. 116): "Nos ambientes em que prevalece a diversidade cognitiva, a mensagem enviada não é necessariamente a mensagem recebida."

- **A Mensagem**

A Mensagem refere-se ao conteúdo da transmissão, ou seja, àquilo que o transmissor está emitindo: alguma informação. A mensagem contém três competências fundamentais: de Codificação; de Conteúdo; de Tratamento.

1. Competência de Codificação (Código):

Esta competência diz respeito ao processo em que a informação transmitida é codificada. Isto é, o código que deverá ser utilizado na mensagem e/ou informação de modo que o receptor consiga decodificá-la, entendendo-a rápida e facilmente.

Por exemplo, na linguagem escrita no país Brasil, em organizações que escrevem na língua portuguesa, o código é a língua portuguesa com todas as suas regras e normas.

A decodificação é um fator primordial para tornar inteligível e correta a mensagem. Diz respeito, assim, à competência do receptor em decodificar a mensagem, gerando o ciclo codificação/decodificação do processo de comunicação.

Por outro lado, o código não é suficiente para conduzir a informação. A informação contida na mensagem tem um conteúdo, por isso, é preciso uma segunda competência: a de conteúdo.

2. Competência de Conteúdo (Conteúdo):

O conteúdo da mensagem relaciona-se diretamente ao conhecimento que o emissor detém. Quanto mais e maior competência no assunto que será transmitido, melhor se torna o processo comunicativo.

Neste contexto, experiências bem-sucedidas de gestão do conhecimento evidenciam que a prática do compartilhamento de conhecimento, embora vinculada às características da organização, independe do tipo de organização em que é praticado (CONG; PANDYA, 2003).

Mais ainda, a forma como se compartilha o conhecimento, isto é, enfatizando determinado contexto ou parte de um conteúdo, pode servir de alavanca na velocidade e limpidez da transmissão da informação. E, nesse caso, o profissional precisará exercitar, entender e praticar a terceira competência denominada competência de tratamento.

3. Competência de Tratamento (Tratamento):

Esta competência determina como o emissor da mensagem dará mais ou menos ênfase na informação ou informações a serem transmitidas, atreladas às competências de código e de conteúdo. Ela é muito individual e pode se tornar algo abstrato se não houver um padrão preestabelecido ou protocolado na emissão de mensagem.

Em um sentido negativo, se o tratamento ou a forma de tratar a informação se tornar extremamente abstrata, particular de um indivíduo ou algo similar, aquilo que deveria ser realizado com mais ou menos ênfase pode ser inversamente realizado, produzindo o que não se deseja e o que não se objetiva na transmissão, gerando um ruído no processo de comunicação.

Em um sentido positivo, uma ênfase bem realizada pode ajudar no gerenciamento da informação na medida em que há profissionais com diferentes estilos, gostos e/ou tendências. Esta competência relaciona-se diretamente com a flexibilidade na forma de se comunicar e que pode gerar soluções importantes quando há e/ou se prognosticam conflitos interprofissionais, camuflados e/ou aparentemente apontados como sendo algo puro e exclusivamente técnicos.

- **O Canal**

O Meio, ou o Canal, é o recurso empregado pelo comunicante, fonte ou emissor, para que a mensagem atinja o receptor. São os meios pelos quais as mensagens contendo informações podem ser levadas ou transmitidas aos receptores.

Dessa forma, toda mensagem precisa de um veículo para ser conduzida. Do contrário, a mensagem não chega, não sai, não é transmitida. E o veículo é também denominado canal, ou meio, pelo qual uma mensagem origina-se do emissor, fluindo até o receptor, que a recebe também através de um canal.

Segundo Collaro (2005), a análise de qualquer coisa física codificada por meio de símbolos, ícones e imagens perpassa a percepção. Esta percepção pode ser associada às sensibilidades visual, auditiva, paladar e/ou táctil e são consideradas reações psicológicas inerentes a esses elementos iconográficos que influenciam o ser humano até a construção do conceito no cérebro para provocar um *feedback*.

Dessa forma, como consequência dos elementos iconográficos que influenciam o ser humano, e de todo processamento de informação através da percepção humana, o canal envolve quatro necessárias e cruciais competências:[8] Auditiva; Tátil; Sinestésica ou Motora; Visual.

1. Competência Auditiva:

O aparelho auditivo é um conjunto de órgãos que funcionam de modo a possibilitar que as vibrações sonoras produzidas no ambiente cheguem até a consciência das pessoas, permitindo-lhes apreciar as qualidades do som, ou seja:

---

[8] Há a percepção olfativa relacionada ao órgão físico nariz que pode, por exemplo, identificar cheiro de queimado em máquinas, nos processos produtivos, mas para esse estudo esta percepção, e consequentemente considerada outra competência, seria implícita, já que no processo de comunicação ela não é elemento-partícipe. É importante considerar que se se estiver em um processo de comunicação entre um animal e o ser humano, certamente o olfato será um canal primordial e elemento-partícipe do processo.

a altura, a intensidade e o timbre; bem como a distância e a direção. Se não existisse o ouvido, as vibrações não teriam significado algum (AMORIM, 1972).

Dessa forma, sensibilidade, percepção e acuidade auditiva de um profissional, tanto de quem recebe a mensagem quanto de quem envia – por também conseguir se ouvir –, é definida no presente estudo como sendo uma competência auditiva.

Por exemplo, em muitos "chãos de fábrica" o ambiente não é fácil audição em intensidade de voz normal, uma vez que os sons dos trabalhos das máquinas ultrapassam os decibéis máximo para se comunicar oralmente de forma normal além do uso de equipamentos contra ruídos, de modo a não prejudicar a saúde física e psicológica do trabalhador.

Neste contexto, a competência auditiva fica eliminada, restando outras formas de comunicação ou uma parada e saída do ambiente de trabalho para que haja uma comunicação por voz. Ou, pior ainda, uma parada nas máquinas para o barulho delas cessar.

Em certos casos, um possível erro à vista no processo de produção pode fazer com que os trabalhadores, supervisores e/ou gerentes, por exemplo, sintam intensamente o desejo de se comunicar por voz entre si e acabam por usar "técnicas" não convencionais.

Apesar de já se saber da importância e necessidade de práticas, por exemplo, da medicina do trabalho e da engenharia de segurança do trabalho com relação à gestão dos riscos e à educação do profissional (SHERIQUE, 2013, p. 30-33), muitas organizações ainda não seguem certos procedimentos, normas e especificações técnicas por uma série de motivos, diga-se de passagem, injustificáveis, por exemplo, devido a não se ter um processo de comunicação ou adotar um processo de comunicação oral, por exemplo, de modo inadequado, desrespeitando tais condutas e recomendações. Esse é um fator gerador de possíveis incidentes ou mesmo acidentes de trabalho, além de mostrar a fragilidade ou inadequação do processo de comunicação no processo produtivo.

2.   Competência Tátil:

Esta competência diz respeito às habilidades táteis do profissional, da manuseabilidade com suas mãos diante de instrumentos, equipamentos, máquinas.

O crescente treino tátil e/ou a repetição de certos movimentos podem gerar progressiva competência tátil.

Embora todas as competências estejam entrelaçadas e potenciais em todo o ser humano, requerendo exercícios e esforços para aprimorando e/ou potencialização, a competência tátil se interliga diretamente à competência sinestésica ou motora, conforme se apresenta em seguida.

3. Competência Sinestésica:

Psicomotricidade é definida da seguinte forma:

> É a ciência que tem como objeto de estudo o ser humano através do seu corpo em movimento e em relação ao seu mundo interno e externo. Está relacionada ao processo de maturação, onde o corpo é a origem das aquisições cognitivas, afetivas e orgânicas. É sustentada por três conhecimentos básicos: o movimento, o intelecto e o afeto. Psicomotricidade, portanto, é um termo empregado para uma concepção de movimento organizado e integrado, em função das experiências vividas pelo sujeito cuja ação é resultante de sua individualidade, sua linguagem e sua socialização (SBP, 2013).

Neste contexto, um profissional com habilidades motoras, com capacidade de gerar de modo adequado movimentos com velocidades e pressões, tem competência sinestésica. Ela pode também envolver o tráfego, andar, caminhar etc., do profissional com equilíbrio motor ou estabilidade em locais de difícil acesso; mensurar objetos e compará-los com padrões especificados por instrumentos de precisão.

4. Competência Visual:

Em Neurociência, descreve-se a percepção visual como uma operação ocorrida inicialmente na retina, apresentando dois estágios. No 1º estágio, a luz que entra pela córnea é projetada no fundo o olho, onde é convertida em sinal elétrico pela retina – um órgão sensorial especializado para isso. E no 2º estágio, esses sinais são então enviados pelo nervo óptico para centros superiores do cérebro de modo que haja o processamento adicional necessário à percepção (KANDEL et al. 2003, p. 325).

Mais ainda, a visão humana através do olho físico processa a cada intervalo de tempo uma quantidade imensa de imagens no cenário visual. A partir de mecanismos de atenção seletiva, imagens são filtradas, focando e concentrando alguns aspectos desse cenário. A partir dessa focalização da atenção, imagens não significantes são suprimidas, enquanto objetos situados no foco da atenção são interpretados e trazidos à consciência (GATTASS, 1993).

Dessa forma, para o presente estudo, acuidade, habilidade, percepção visual dizem respeito à competência visual. É importante ressaltar que essa percepção visual é parte do sistema visual que realiza a extração da informação do ambiente em que o ser humano está envolvido, transformado-a em código neuronal que resulta numa percepção desse ambiente. Em síntese, o cérebro humano comporta cerca de 16 a 20 bilhões de neurônios com capacidade de transmitir impulsos nervosos a uma velocidade 100 m/s (COLLARO, 2005). Nesse sentido, oferece bem mais informação do que todos os outros sentidos combinados: audição, olfato e tato não respondem por mais de 10% do estímulo sensorial, enquanto mais de 80% é estímulo visual (PORTEOUS, 1996).

Fornecendo uma aplicação dessa percepção visual no contexto da produção de uma organização, por exemplo, em sistemas industriais japoneses, tem-se o sistema Kanban ("Cartão visual"). O sistema Kanban são marcações realizadas com registros visuais para que o profissional identifique como está a linha produtiva. Isto é, uma aplicação no controle de produção e estoques através de uma gestão visual.

Em âmbito da engenharia, o Kanban tem uma função precípua de viabilizar a produção conhecida por *Just-In-Time,* que preconiza a entrega do produto e/ ou serviço ao cliente na quantidade certa, local certo, tempo certo e conforme foi solicitado.

Existe também o conceito de "Kanban Emocional", o qual diz respeito ao estado emocional de determinado profissional que é identificado por cores em registros visuais na linha de produção, tais como:

1. Vermelho – para situações em que o profissional não se encontra psicologicamente bem, em um estado psicoemocional não propício para uma comunicação normal do dia a dia, embora esteja trabalhando.

2. Amarelo – para situações que não são as melhores, mas que o profissional também não se encontra mal ao ponto de não desejar comunicação com outro(s) profissional(is).

3. Azul – para situações em que o profissional se encontra psicologicamente bem, em um estado psicoemocional propício para se comunicar, aceitar brincadeiras ou situações normais do dia a dia ou mesmo enfrentar complexas e difíceis questões.

O sistema Kanban exemplifica o respeito ao profissional como um ser humano durante seu dia a dia no processo produtivo, de trabalho, nas operações em uma organização. De forma geral, é preciso que as lideranças reflitam para que suas organizações triunfem, sem desrespeitar o ser humano, recurso valioso quando bem utilizado, gerenciado e ao mesmo tempo gerenciador, e centro de desenvolvimento e promovedor de lucros em todos os sentidos (GAZ, 2002).

Em seguida, é apresentada a última célula do Modelo COMCOMPET, à qual é correspondente a célula denominada Fonte.

- **O Receptor**

O Receptor: é aquele elemento para o qual a mensagem é preparada visando um comportamento e sem o qual jamais haverá o fechamento ou a efetivação da comunicação. O Receptor tem as mesmas competências que o Emissor – fechando o ciclo ou processo da comunicação. Portanto, esta célula contém as mesmas cinco competências: competência para falar ou saber falar; competência para ouvir ou saber ouvir; competência para ler ou saber ler; competência para escrever ou saber escrever; competência para raciocinar ou saber raciocinar.

O único "fator" que muda é que se trata do profissional que vai receber a informação e, à medida que ele interagir com o emissor, tais competências precisarão ser utilizadas de modo que encerre ou complete todo o processo de comunicação.

A Figura 5.5, a seguir, ilustra o COMCOMPET no Fluxo de um Processo de Comunicação. No item seguinte serão feitas as considerações finais e uma abordagem do modelo COMCOMPET para diferentes contextos com algumas breves inferências.

Figura 5.5 – O Processo de Comunicação e as Competências (COMCOMPET)

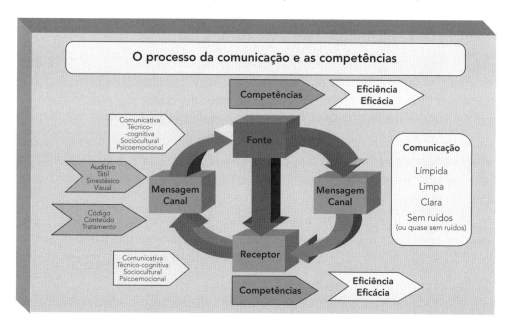

5.9 Considerações finais

"Um modelo apropriado do Processo de Comunicação no Planejamento e Controle da Produção é condição sine qua non para uma organização triunfar.

Mas um modelo do Processo de Comunicação que não associa as devidas competências acarreta sérios problemas e danos organizacionais.

Neste contexto, o COMCOMPET torna-se um desses exemplos, de orientação para toda organização, no mundo, em qualquer tipo ou segmento de mercado."

(Ricardo Gaz)

A seguir, são feitas considerações finais sobre o Modelo COMCOMPET no contexto do PCP. Na parte final desta conclusão, são feitas três sucintas, mas importantes, inferências sobre possíveis aplicações do COMCOMPET em diferentes conceitos e contextos.

5.9.1 O Modelo COMCOMPET e o PCP

Recomenda-se que o processo de comunicação seja bem efetuado em todas suas etapas ou fases, requerendo que seus elementos – fonte, mensagem, canal e receptor – estejam bem alicerçados pelas respectivas competências, isto é, pelo Modelo COMCOMPET.

Em se realizando a efetuação do Modelo COMCOMPET, também se poderão mensurar, checar e até mesmo criar instrumentos de confrontação de dados/informações sobre o alcance do fluxo natural, suave, contínuo de bens, serviços, informações, materiais etc., com processos não utilizados por este Modelo, de acordo com as especificações e/ou necessidades e oportunidades.

Mais ainda, a partir disso tudo mencionado, infere-se que quando há este processo de comunicação abalizado e aplicado contínua e progressivamente por todas as suas respectivas competências, a organização poderá ficar mais bem apoiada, gerenciada e liderada.

Em termos interorganizacionais, no contexto de um macrocenário, o processo de comunicação, e suas competências, quando bem realizado, pode ser definido ou mesmo considerado como sendo de uma sabedoria organizacional (GAZ, 2001).

Este raciocínio da sabedoria organizacional se aplica em âmbito intraorganizacional, ao se observar como está ocorrendo o Processo de Comunicação no PCP, percebendo-se de forma progressiva aspectos críticos – positivos (elevada ou boa utilização) ou negativos (baixa ou má utilização) – das competências aplicadas, ou não aplicadas, na medida em que, por exemplo, não se podem ter erros em uma linha de produção, em um processo de fabricação, ou mesmo na realização de um serviço que também pode ser entendido com uma produção (de serviço).

Mais ainda, Tubino (1977) já ressaltava corretamente que apesar de teoricamente os recursos necessários para execução dos planos de produção serem planejados e programados pelo PCP, na prática, a ocorrência de desvios entre o Programa de Produção liberado e o executado é a situação mais comum, muito frequente.

Por isso o modelo COMCOMPET que fomenta a utilização e aplicação do melhor de todas as competências, isto é, de forma ótima, torna-se ainda requerido. Em outras palavras, esta aplicação, se bem realizada, poderá servir de apoio à produção de toda organização e, até mesmo, minimizar tais ocorrências de falhas, desvios e/ou erros, independentemente de quais métodos e/ou técnicas estão sendo adotados no PCP, tais como: o MRP (*Material Requirements Planning*) ou MRP II (*Manufacturing Resources Planning*), o JIT (*Just-In-Time*), o OPT (*Optimized Production Technology* – originário da teoria das restrições ou gargalos).

As Figuras 5.6 e 5.7 ilustram respectivamente o fluxo de informação existente no PCP e o modelo COMCOMPET como um processo de comunicação necessário de ser aplicado nesse fluxo:

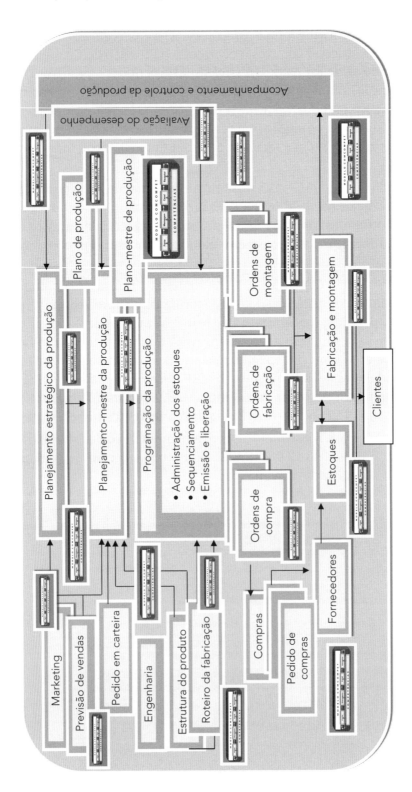

Figura 5.6 – O PCP, o fluxo de informação existente no PCP e o modelo COMCOMPET

Figura 5.7 – O Modelo COMCOMPET

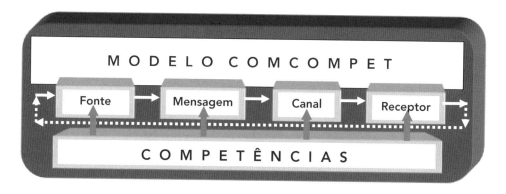

5.9.2 Inferência Final 1 – O Modelo COMCOMPET e as Ações Corretivas

Quanto mais rapidamente os problemas forem identificados, ou seja, quanto mais eficientes forem as ações do Acompanhamento e Controle da Produção, com apoio e utilização adequada do PCIII, menores serão os desvios a corrigir, menores o tempo e as despesas com ações corretivas.

A Figura 5.8 ilustra a integração entre o modelo COMCOMPET e o Acompanhamento e Controle da Produção com a utilização das ações corretivas necessárias para que haja uma produção final limpa e sem falhas.

Figura 5.8 – Ilustração do Processo de Produção Corrigido através do Modelo COMCOMPET

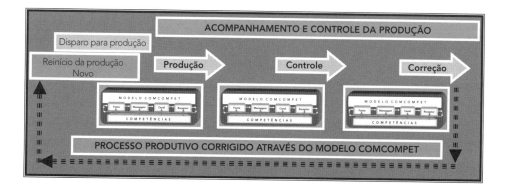

5.9.3 Inferência Final 2 – O Modelo COMCOMPET e o SCM

Embora o presente estudo tenha apresentado a importância de se ter um adequado Processo de Comunicação – Interprofissional – Interdepartamental e Interorganizacional (PCIII) – no PCP, o conceito poderá ser estendido para que haja o mesmo desse PCIII em todas as operações logísticas, em toda Cadeia de Suprimentos (*Supply Chain*).

No âmbito da Gestão da Cadeia de Suprimento (NOVAES, 2001), o SCM (*Supply Chain Management*), subentende-se que o modelo COMCOMPET também servirá de apoio estratégico, tático e operacional.

5.9.4 Inferência Final 3 – O Modelo COMCOMPET e o Modelo Holístico da Gestão Logística

Como exemplo de integração entre diferentes Modelos existentes na literatura acadêmico-científica no que tange às práticas operacionais de toda cadeia produtiva, tem-se o Modelo Holístico da Gestão Logística (GAZ; PASSOS, 2009, p. 51), conforme mostrado na Figura 5.9 a seguir, sendo recomendável aplicar o presente modelo COMCOMPET a cada etapa ou fase do fluxo de informação, materiais, pessoas, máquinas.

Figura 5.9 – Modelo holístico da gestão logística

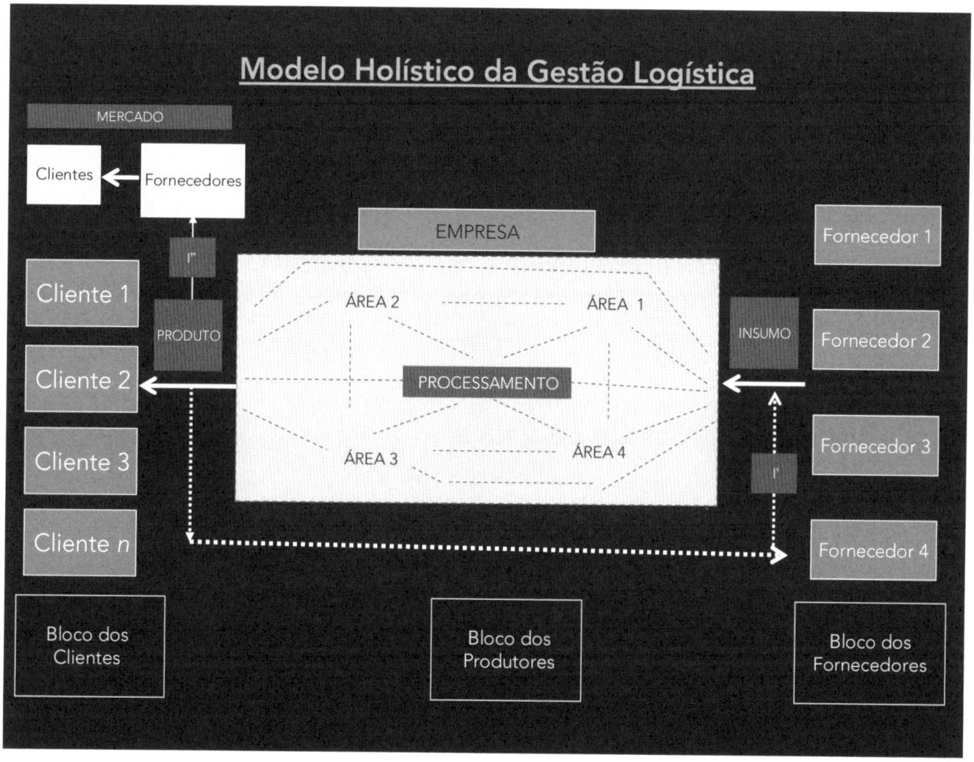

Fonte: GAZ; PASSOS, 2009.

Em escala maior, pode-se generalizar que, com essa aplicação, todas as organizações envolvidas ganharão, fortalecendo e melhorando sua Gestão Total da Cadeia de Suprimentos (*SCTM – Supply Chain Total Management*), seu ECR (*Efficient Consumer Response* – Resposta Eficiente ao Consumidor).

REFERÊNCIAS

AMORIM, Antônio. *Fonoaudiologia geral*. São Paulo: Pioneira, 1972.

APICS. *Dictionary Information*. Master Production Schedule (MPS). 2013. Disponível em: <http://www.apics.org/dictionary/dictionary-information?ID=2378>.Acesso em: mar. 2013.

ASHLEY, Patrícia Almeida. *Ética e responsabilidade social nos negócios*. 2. ed. São Paulo: Saraiva, 2006.

BATALHA, Mário Otávio. *Introdução à Engenharia de Produção*. Rio de Janeiro: Elsevier: ABEBRO, 2011.

BERLO, David K. *O processo da comunicação:* introdução à teoria e prática. Rio de Janeiro: Fundo de Cultura S.A., 1970.

BLACK, Leeora D.; HÄRTEL, Charmine E. J. The five capabilities of socially responsible companies. *The Australian Center for Corporate Social Responsibility.* North Caulfield, v. 4, nº 2, p. 125-144, May 2003.

CHIAVENATO, Idalberto. *Administração.* Teoria. Processo e prática. 4. ed. Rio de Janeiro: Elsevier, 2007.

COLLARO, Antônio. *Produção visual e gráfica.* São Paulo: Summus, 2005.

CORREA, Henrique L.; CORREA, Carlos A. *Administração de produção e de operações:* manufatura e serviços: uma abordagem estratégica. Edição compacta. São Paulo: Atlas, 2005.

CONG, X.; PANDYA, K. V. Issues of knowledge management in the public sector. *Electronic Journal of Knowledge Management.* v. 1, nº 2. dec. 2003. Disponível em: <http://www.nuaideia.com/inter/s/sarah_brightman/TheWarIsOver_BN.mid>. Acesso em:

GATTASS, Ricardo. Os mapas da visão. *Revista Ciência Hoje,* v. 16, nº 94, 1993.

_____. *Ser total:* reflexões para tornar a organização triunfante, respeitando o ser humano: uma abordagem transdimensional. Rio de Janeiro: Suma Econômica, 2002.

_____. *Um estudo e experimento de raciocínio com integração emocional em processos decisórios empresariais.* Rio de Janeiro. Tese (Doutorado em Engenharia de de Produção) – Universidade Federal do Rio de Janeiro, COPPE, 2006.

GAZ, Ricardo; PASSOS, Cláudio Azevedo. Gestão logística: uma visão integradora entre teorias e práticas – humanas, sociais, tecnológicas, ambientais e empresariais. *Brazilian Journal of Academic Studies,* ano 8, nº 16-17, Dissertar, 2009.

_____; FERREIRA, Daniela de Souza. A importância do processo de comunicação nas organizações. *Tendência do Trabalho.* Rio de Janeiro: Tama, nº 343, p. 26-30, março/2003.

GRACIOSO, Francisco. *Marketing estratégico:* planejamento estratégico orientado para o mercado. 6. ed. São Paulo: Altas, 2007.

GRAEML, A. R. *Sistemas de informação:* o alinhamento da estratégia de TI com a estratégia corporativa. 2. ed. São Paulo: Atlas, 2003.

GOLEMAN, Daniel. *Inteligência emocional:* a teoria revolucionária que define o que é inteligência. Rio de Janeiro: Objetiva, 2001.

KANDEL, Eric R.; SCHWARTZ, James H.; JESSEL, Thomas M. *Fundamentos da neurociência e do comportamento.* Rio de Janeiro: Guanabara Koogan, 1995.

LAUNDON, Kenneth. C.; LAUDON, Jane Price. *Essentials of management information systems:* transforming business and management. 3. ed. London: Prentice-Hall International (UR) Limited , 1999.

LEONARD, Dorothy; STRAUS, Susaan. *Gestão do Conhecimento*. Aproveitando todo o cérebro da empresa. Rio de Janeiro: Campus, 2000 [Harvard Business Review].

NIGEL, Slack; CHAMBER, Stuart; JOHNSTON, Robert. *Administração da Produção*. 3. ed. São Paulo: Atlas, 2009.

NONAKA, Ikujiro; TAKEUCHI, Hirotaka. *Criação de conhecimento na empresa:* como as empresas japonesas geram a dinâmica da inovação. Rio de Janeiro: Campus, 1997.

NORA, Simon; MINC, Alain. *A informatização da sociedade*. Rio de Janeiro: Fundação Getulio Vargas, 1981.

NOVAES, Antônio Galvão, *Logística e gerenciamento da cadeia de distribuição:* estratégia, operação e avaliação. Rio de Janeiro: Campus, 2001.

PORTEOUS, J. D. *Environmental aesthetics:* ideas, politics and planning. London: Routledge, 1996.

SHERIQUE, Jaques. Perspectivas da segurança e saúde do trabalhador no século XXI. *Revista do CREA-RJ*, nº 92, dez. 2012/jan. 2013.

SBP. Homepage. Disponível em: <www.psicomotricidade.com.br>. Acesso em: 19 mar. 2013.

STAIR, R.; REYNOLDS, G. *Principles of Information Systems*. 7. ed. Boston: Course Technology, Cengage Learning, 2005.

THAYER, L. O. *Comunicação, fundamentos e sistemas:* na organização, na administração, nas relações interpessoais. São Paulo: Atlas, 1979.

THOMPSON, J. J. *Anatomia da comunicação*. Rio de Janeiro: Bloch Editores, 1973.

TOFFLER, Alvin. *Powershift* – As mudanças do poder. 4. ed. Rio de Janeiro: Record, 1995.

TUBINO, Dalvio Ferrari. *Manual de planejamento e controle da produção*. São Paulo: Atlas, 1977.

TUBINO, Dalvio Ferrari. *Planejamento e controle da produção*. São Paulo: Atlas, 2009.

BUSINESS IDEA

<http://pt.dreamstime.com/imagens-de-stock-plano-empresarial-image16871224>

6 O PASSADO COMO MOTOR DA INOVAÇÃO: CONTRIBUIÇÕES DA MEMÓRIA PARA AS ORGANIZAÇÕES

Rafael Rocha Jaime[1]

"Meyerson ressaltava que a memória, enquanto se distingue do hábito, representa uma invenção difícil, a conquista progressiva pelo homem do seu passado".

Jean-Pierre Vernant

"A história de uma empresa não deve ser pensada apenas como resgate do passado, mas como marco referencial a partir do qual as pessoas redescobrem valores e experiências, reforçam vínculos presentes, criam empatia com a trajetória da organização".

Worcman

---

[1] **Rafael Rocha Jaime** é graduado em Comunicação Social/UNESA, pós-graduado em Sociologia Política e Cultura/PUC-RJ, mestre em Ciências Sociais/UERJ e doutorando em Memória Social/UNIRIO.

INTRODUÇÃO

Inovação é a palavra-chave na administração contemporânea de organizações que se veem impelidas a superar os desafios impostos por um cenário que se caracteriza fortemente pela velocidade com que as tecnologias da informação alteram os modelos de produção, circulação e consumição em ritmo acelerado, pela competição acirrada e difusa promovida pela globalização, com uma oferta global de produtos e serviços com valor agregado e qualidade reconhecida e, ainda, por uma restruturação produtiva em virtude de uma nova forma de produzir riqueza em um capitalismo de cognição,[2] onde se observa uma mudança na lógica de repetição e de inovação.

Nas últimas décadas do século passado fez-se emergir com toda força uma "revolução tecnológica concentrada nas tecnologias da informação (que)[3] começaram a remodelar a base material da sociedade em ritmo acelerado" (CASTELLS, 2003, p. 50), e onde grandes áreas dos "ambientes material e social passam a ser organizadas por sistemas de excelência técnica" (GIDDENS, 1991, p. 35). Um novo paradigma apoiado em NTIC's[4] foi estabelecido, inserindo os indivíduos em um novo espaço e novas práticas sociais.

A arquitetura da rede informacional e a engenharia social criadas a partir dessas novas tecnologias mudaram radicalmente a relação entre indivíduos, sociedade, Estado e Economia. Uma nova técnica e uma nova consciência alteram profundamente o homem e a realidade em que ele se insere. E não temos a menor dúvida de que ambas produzem uma interveniência profunda na forma como o homem apreende, produz e reproduz a sua realidade.

A técnica, temos que lembrar sempre, faz parte do ser humano. Ele é um ser técnico por natureza, pois faz do seu corpo "o primeiro e mais natural instrumento do homem. Ou, mais exatamente, sem falar de instrumento: o primeiro e o mais natural objeto técnico, e ao mesmo tempo meio técnico, do homem é seu corpo" (MAUSS, 2003, p. 407). Já a consciência, segundo Aristóteles, é o que diferencia o homem dos demais. Por ser dotado de *logos*, o homem diferencia-se dos outros seres na medida em que essa consciência lhe propicia um salto qualitativo em termos de existência.[5]

---

[2] Para mais sobre o Capitalismo Cognitivo, ver Antonella Corsani, em "Elementos de uma ruptura: a hipótese do capitaismo cognitivo". In: COCCO, Giuseppe; GALVÃO, Alexander Patez; SILVA, Gerardo. *Capitalismo cognitivo*: trabalho, redes e inovação. Rio de Janeiro: DP&A, 2003.

[3] Grifo nosso.

[4] Abreviação de Novas Tecnologias de Informação e Comunicação – NTIC.

[5] Em *Ética a Nicomaco*, Aristóteles afirma que as ações belas e justas que caracterizam a cultura humana só podem existir por convenção e não por natureza (Aristóteles, 2002, p. 18).

Assim, a tecnologia é a grande transformadora da experiência humana quando concilia ambos (técnica e consciência) à sua maneira. Podemos constatar isso observando o papel que ela assume na realização das mais diferentes tarefas do nosso cotidiano, das complexas às mais ordinárias. Diariamente, do acordar ao dormir, essas tecnologias nos auxiliam na criação, produção e reprodução da vida. E como se sabe "os efeitos da tecnologia não ocorrem nos níveis das opiniões e dos conceitos: eles se manifestam nas relações entre os sentidos e nas estruturas da percepção" (MCLUHAN, 1974, p. 34).

Mas o que difere as novas tecnologias das anteriores é, justamente, a capacidade de armazenar e processar uma quantidade cada vez maior de informação em um curto espaço de tempo. Desse ponto de vista fica "fácil corresponder a cada sociedade certos tipos de máquina, não porque as máquinas sejam determinantes, mas porque elas exprimem as formas sociais capazes de lhes darem nascimento e utilizá-las" (DELEUZE, 1992, p. 223). Portanto podemos dizer que vivemos hoje sob uma forma social nova, uma forma social mais abrangente, rápida e interdependente, que se espraia a partes distantes do planeta.

É importante ressaltar que o poder de processamento de informações executado pelas novas tecnologias altera em definitivo a relação do espaço com tempo, impelindo-nos à noção de que o mundo tem cada vez menos barreiras, pois tudo se desloca cada vez mais rápido e a partes distantes do globo, ao mesmo tempo. E é, justamente, essa simultaneidade que caracteriza a globalização, com seu fluxo constante e global de imagens, valores, culturas, riqueza e poder. Por conseguinte, a globalização contribui também, de forma decisiva, para um acirramento da competitividade entre as organizações, que se virem agora competindo com empresas espalhadas pelo mundo inteiro.

Com a globalização, as organizações se apresentam para um mercado muito maior, ampliando as possibilidades de faturamento e extensão de suas marcas, mas com isso, aumenta também o esforço para se manter competitivo.

Paralelo a isso, ainda encontra-se como referencial obrigatório para nós a ideia de que o espaço em que o capital agrega valor e produz riqueza, segundo a economia política, sofreu uma mutação na passagem do fordismo ao pós-fordismo. Essa passagem "pode ser lida como a passagem de uma lógica da reprodução a uma lógica de inovação, de um regime de repetição a um regime de invenção" (CORSANI apud COCCO; SILVA; GALVÃO, 2003, p. 15). Sendo assim, a informação e a produção do conhecimento se tornam molas mestras do processo produtivo e assumem importância central no deslocamento das funções produtivas para as atividades imateriais. Como afirmam Cocco, Silva e Galvão, "o fim do século nos deixou uma herança fecunda: a transformação do regime de acumulação baseado na grande indústria e a emergência de novas formas produtivas" (2003, p. 7).

Se antes o valor se originava da produção de bens homogêneos e reprodutíveis, onde havia uma valorização sobre o domínio do tempo de reprodução de mercadorias padronizadas, hoje o valor tem origem na mudança e na inovação (PAULRÉ, 2000), ou seja, o valor emana da produção de conhecimento via conhecimento. Qualidade e quantidade de trabalho passam a ser organizadas por sua imaterialidade, já que "a transformação do trabalho operário em trabalho de controle, de gestão da informação, de capacidades de decisão que pedem o investimento da subjetividade, toque os operários de maneira diferente, segundo suas funções na hierarquia da fábrica, ela apresenta-se atualmente como um processo irreversível" (LAZZARATO; NEGRI, 2001, p. 25).

Deste modo, inovação e invenção tornam-se registros de um nova temporalidade que escapa ao paradigma industrial, onde o "tempo em questão era um tempo sem outra memória senão a corporal, a do gesto e de uma cooperação estática, inscrita na divisão técnica do trabalho e determinada segundo os códigos da organização científica do trabalho" (CORSANI Apud COCCO; SILVA; GALVÃO, 2003, p. 17). Agora, a valorização impõe-se com um tempo de criação contínua do novo, a partir do tempo de produção, circulação, consumição e socialização da informação.

Este panorama exige das organizações uma posição mais sólida e atenta para com a produção do conhecimento, a fim de manter a competitividade e, por conseguinte, a própria existência.

Além isso, de forma nenhuma podemos esquecer que, hoje, o consumidor final está mais exigente não só com a qualidade dos produtos e serviços que consome, mas também com o papel que a organização desempenha na sociedade. Um papel que exige ética, responsabilidade e comprometimento. A quantidade de informações a que temos acesso diariamente, por um lado, amplia o poder, mas, por outro, coloca em estado de fragilidade as organizações, que se veem expostas não somente ao exame de especialistas mas à opinião pública, e "É claro que no espaço público social atual, midiatizado e em rede, tal qual o descrevem Wolton e Castells a discursividade social conquistou uma importância sem precedente, a quantidade de discursos que aí circulam tende a aumentar e a se diversificar sem parar" (SEMPRINI, 2006, p. 262).

Neste contexto, as questões que envolvem as relações públicas se tornam essenciais para as organizações que necessitam desenvolver com criatividade novas respostas para atender novas demandas, além de garantir a coesão e promover uma interface mais harmônica com seus públicos. Logo, a fim de garantir de forma mais precisa e eficaz esta relação, bem como para o desenvolvimento de novas estratégias comunicacionais e do processo produtivo acreditamos que tema da Memória Organizacional ganhará cada vez mais espaço, pois a memória institucional se apresenta como uma abordagem inovadora, afinal "a história organizacional deve ser tratada como um dos seus principais patrimônios, pois ela traduz a identidade, a cultura e a vida de uma trajetória empresarial" (POR-CIÚNCULA, 2008, p. 12).

E, claro, isto nos remete à categoria Memória e ao lugar central que ela ocupa na sociedade contemporânea, uma sociedade notadamente paradoxal, onde parece haver um desejo de guardar, de reter, de fixar operando junto a um ideal de mudança contínua. Em nossa visão, é bastante interessante e importante examinarmos e compreendermos o impacto que a Memória produz nos indivíduos e nas instituições, pois acreditamos que o passado tem muito a nos oferecer hoje e amanhã, pelo extraordinário manancial de experiências e conhecimento que ele detém.

Pelo exposto, propomos neste artigo uma breve reflexão sobre Memória e sua contribuição para as organizações.

6.1 Memória

Uma mudança profunda e complexa na experiência social se fez sentir quando do ingresso definitivo do homem na modernidade. As alterações socio-políticas e econômicas do período anterior fizeram emergir com toda força e velocidade a sociedade industrial. Muito mais que uma alteração técnica nos modos de produção, a Revolução Industrial inseriu a sociedade, em todas as suas esferas, em uma nova ambiência. "Essa nova configuração da experiência foi formada por um grande número de fatores que dependeram claramente da mudança na produção demarcada pela Revolução Industrial" (GUNNING, 2004, p. 33).

O ambiente estável e contínuo, que propiciava uma noção mais orgânica do tempo e do espaço, foi repentinamente substituído por um ambiente turbulento e fragmentado, em que os indivíduos depararam com um aumento da estimulação nervosa, abrindo espaço para uma nova percepção da realidade. A sociedade, em todas as suas formas, passou a indicar uma explícita preocupação com o futuro, no que "a cultura modernista foi energizada por aquilo que poderia ser chamado de futuros presentes" (HUYSSEN, 2000, p. 1).

No entanto, na contemporaneidade, o foco parece não ser mais o futuro, e sim o passado, pois segundo Andreas Huyssen, "um dos principais fenômenos culturais e políticos mais surpreendentes dos anos recentes é a emergência da memória como uma das preocupações culturais e políticas centrais das sociedades ocidentais" (2000, p. 1).

A memória lida com duas das principais categorias do pensamento humano responsável pela percepção histórica, "Tempo e Espaço como categorias fundamentalmente contingentes de percepção historicamente enraizadas, estão sempre intimamente ligadas entre si de maneiras complexas, e a intensidade dos desbordantes discursos da memória, que caracteriza grande parte da cultura contemporânea em diversas partes do mundo de hoje, prova o argumento" (HUYSSEN, 2000, p. 10).

A percepção social é de que o tempo e o espaço são comprimidos, e agora tudo nos parece simultâneo e globalizado. Entretanto, de forma surpreendente, essa percepção produz um movimento reverso, um movimento de resistência às transformações impostas por esse contexto. Há um desejo de memória, na tentativa de reter o tempo e, com ele, nossas experiências, tornando o mundo um pouco menos volátil e estável. Tanto que "as culturas de memória contemporânea em geral podem ser lidas como formações reativas à globalização" (HUYSSEN, 2000, p. 17).

Portanto, a preocupação com o passado e a memória é muito pertinente aos nossos dias, afinal, como propõe Bergson, o presente é o acúmulo de passado que vai corroendo o futuro, logo, "a verdade é que jamais atingiremos o passado se não nos recolocarmos nele de saída" (BERGSON, 1999, p. 49). Acreditamos que a memória é fiel depositária desse processo interno. Sendo assim, temos que buscar no dia a dia as razões que nos compelem a voltar no tempo, pois a necessidade de recordarmos um fato, um evento ou mesmo de alguém tem seu movimento inicial amparado nos acontecimentos que vivenciamos, por isso um "ato de recordação está sempre ancorado a um presente" (SELIGMANN-SILVA, 2006, p. 210).

Para nós, a memória é ativada na tentativa de entender, responder, organizar e/ou (re)criar as questões de nosso tempo, daí podermos admitir que as lembranças são como fios passados que o presente tece no próprio presente, como parte de uma teia maior e que está sempre sendo confeccionada. É como uma grande colcha de retalhos que nunca se termina, em que cada retalho é constituído da soma de variados e pequenos fios, entremeados a outros fios (lembranças) e que terminam por tecer retalhos diferentes, e são estes, que costurados entre si, (re)constituem a vida do indivíduo, da sociedade e a própria história. E à medida que esta colcha também é costurada por aqueles que nos circundam, ela "adquire uma vida social própria; uma vida social complexa" (STALLYBRASS, 2008, p. 25). Lembramos com Maurice Halbwachs (2006) que nossas lembranças permanecem coletivas, já que nunca lembramos sozinhos, pois os nossos grupos nos acompanham em nossas memórias.

Aqui é bom lembrar que a memória tem sua própria história no pensamento ocidental, pois, "nas diversas épocas e nas diversas culturas, há solidariedade entre as técnicas de rememoração praticadas, a organização interna da função, a sua situação no sistema do *eu* e a imagem que os homens conservam da memória" (VERNANT, 2008, p. 136). É evidente que, por se tratar de uma categoria, temos que admitir o contexto em que ela se insere.

Como bem demonstrou Vernant (2008), a visão mágica e poética da memória há muito se perdeu. De uma função divina à uma atividade humana, a memória como categoria foi cada vez mais assumindo uma forma de cognição singular assentada nos meios de comunicação, meios estes que, ressaltamos, alteram profundamente a forma de sentirmos o mundo e construímos a própria estrutura social (VERNANT, 1990). E hoje, em um mundo dominado por esses meios, a memória parece assumir uma complexidade maior, pois a memória "é algo tão complexo que nenhuma relação de todos os seus atributos seria capaz de definir a totalidade das impressões através das quais ela nos afeta" (TARKOVSKI, 1990, p. 64).

Para nós, o tema da memória ganha maior destaque justamente no momento em que vivemos um período de profundas e rápidas mudanças proporcionadas pela tecnologia e que alteraram constantemente nosso modo de vida, causando-nos um sentimento de angústia e incerteza com relação ao futuro. Essa sensação de instabilidade é resultante do momento histórico em que o novo torna-se o espírito dominante em todas as esferas da vida social. Segundo BAUMAN (2001), uma tradição fixa e estável foi substituída por uma tradição líquida, mutante, variável e modelizante. Assim, nada deve permanecer no mesmo lugar por muito tempo, nada deve se fixar.

Entretanto, não podemos esquecer que o passado sempre desempenhou uma importante função na sociedade ao se configurar como uma fonte de conhecimento sobre a vida social, um lugar de estabilidade e de conservação de nossas experiências e da própria identidade. Segundo Le Goff, "A memória é um elemento essencial do que se costuma chamar de *identidade*, individual ou coletiva, cuja busca é uma das atividades fundamentais dos indivíduos e das sociedades de hoje (1984, p. 46).

O passado nos interessa especialmente por tudo que ele é capaz de narrar. Aliás, a narrativa desde o mais longínquo passado nos garantiu a possibilidade de intercambiar experiências vividas com as gerações seguintes, orientando-as no difícil trajeto do presente. A experiência que é narrada, passada de pessoa a pessoa e pelas instituições, é uma das principais fontes do nexo social, contribuindo não somente para produzir um sentido para nossas ações, mas, principalmente, pelo senso prático que ela carrega, por aquilo que ela pode contribuir no cotidiano. Todavia, Walter Benjamin nos alerta que estamos perdendo essa capacidade, que não sabemos mais narrar e "uma das causas desse fenômeno é óbvia: as ações da experiência estão em baixa, e tudo indica que continuarão caindo até que seu valor desapareça de todo" (1994, p. 198).

A narrativa guarda relação direta com a experiência, já que dela extrai a sabedoria. Narrar é aconselhar na medida em que o conselho é tecido na substância viva da existência (BENJAMIN, 1994). Ainda em acordo com o autor, entendemos que a narrativa encerra uma dimensão prática, ela guarda uma relação direta com modo de produção. Segundo Benjamin, a arte de contar histórias fazia parte do sistema corporativo medieval, onde mestre antigo e aprendiz migrante intercambiavam o conhecimento das atividades, mas com a burguesia e o sistema capital há uma mudança, um outro tipo de comunicação emerge, o romance. "A origem do romance é o indivíduo isolado, que não pode mais falar exemplarmente sobre suas preocupações mais importantes e que não recebe conselhos nem sabe dá-los" (BENJAMIN, 1994, p. 201).

E a forma atualizada do romance é a informação, uma forma nova de comunicação que é explicativa em si e para si mesma. A narrativa evita a explicação para que a pessoa que ouve a história possa produzir suas interpretações, para que ela possa mesclar suas experiências às que ela ouve. Com a informação é diferente. A informação é autoexplicativa, "A informação só tem valor no momento em que é nova. Ela só vive nesse momento em que precisa entregar-se inteiramente a ele e sem perda de tempo tem que se explicar nele" (BENJAMIN, 1994, p. 204). Se a narrativa está associada a um ideal de eternidade, de algo que se mantém e se transfere pelo seu caráter verdadeiro, a informação é efêmera, ela precisa somente ser plausível.

Como já dissemos, a informação ganha lugar de destaque na sociedade de hoje, mas cabe aqui ressaltar, como lembra Edgar Morin (2000, p. 12), que informação não é conhecimento, pois este é resultado de uma certa forma de organização da informação. Daí, então, pensar que não basta apenas que os setores de uma empresa produzam informações. Eles devem estar preparados e saber o que devem registrar, como organizar, conservar e, principalmente, como reutilizar as informações provenientes das experiências da organização. Pois, como afirma Worcman, "A história de uma empresa não deve ser pensada apenas como resgate do passado, mas como marco referencial a partir do qual as pessoas redescobrem valores e experiências, reforçam vínculos presentes, criam empatia com a trajetória da organização" (2004, p. 23).

Assim, a crescente importância que as empresas e, principalmente, os setores de comunicação das organizações dedicam à memória organizacional não nos parece um fenômeno isolado na sociedade. Pelo contrário, acreditamos que esse interesse é reflexo de um processo social mais amplo e que diz respeito à forma como lidamos com o tempo e o conhecimento, na busca por respostas aos dilemas impostos pelo cotidiano.

6.2 Memória organizacional

Ao falarmos de Memória Organizacional ou Empresarial, de imediato vem à cabeça tudo que é relativo ao passado de uma empresa. Das ferramentas e equipamentos às instalações de coordenação e execução, passando pelos documentos e, principalmente, as pessoas, tudo pode servir como registro das atividades desenvolvidas por uma organização. Mas trabalhar "a Memória Empresarial não é simplesmente referir-se ao passado de uma empresa [...] é sobretudo, o uso que uma empresa faz de sua história" (WORCMAN, 2004, p. 23). É o uso que a empresa faz daquilo que se registrou e teve algum significado.

De acordo com Sasieta, Beppler e Pacheco (2011): "A memória organizacional pode ser entendida como a habilidade das organizações para salvar, reter e fazer uso de informações do passado nas atividades atuais. É um elemento-chave que permite que as organizações aprendam dos erros e acertos do passado."

Em ambas as definições, o foco recai sobre a gestão do conhecimento gerado nos setores e práticas da organização, já que "as experiências pelas quais passa uma organização são acumuladas, ao longo dos anos, nas suas pessoas, cultura, processos e em seus documentos, e esse conjunto de conhecimentos forma a sua memória" (SPILLER; PONTES, 2007, p. 99).

Assim, a memória se configura como uma importante ferramenta de ordenação, comunicação, gerenciamento e democratização no que diz respeito ao ativo intelectual produzido pela empresa.

A Memória Organizacional está diretamente ligada aos valores, àquilo que pelo seu significado deve ser conservado, logo "dependerá da forma de perceber e valorizar sua própria história que as empresas podem aproveitar (ou perder) a oportunidade de utilizar essa ferramenta fundamental para adicionar mais valor à sua atividade" (WORCMAN, 2004, p. 23).

Na memória se expressam os valores, a identidade e a cultura de uma organização, e esta, não podemos esquecer, "é a memória longeva de uma comunidade [...] e não um simples depósito de informações: é um mecanismo organizado de modo extremamente complexo, que conserva as informações, elaborando continuamente os procedimentos mais vantajosos e compatíveis" (LOTMAN apud SIMSON, 1998, p. 31).

A partir disso, a Memória Organizacional então pode promover o aumento da competitividade através do compartilhamento e da reutilização do conhecimento corporativo resultante do desenvolvimento das atividades na organização. "É o conhecimento de como fazer as coisas, a forma de abordar os problemas e questões. A memória organizacional se preocupa com a reutilização e compartilhamento de este conhecimento" (SASIETA; BEPPLER; PACHECO, 2011).

Ela torna disponível um conjunto de informações extremamente relevantes para que, em tempo, os responsáveis pela concepção e execução de determinada tarefa possam desenvolvê-la com maior precisão, rapidez e eficiência.

Mas, para isso, a Memória Organizacional deve organizar o ativo intelectual de tal forma que permita fornecer não somente respostas as questões sobre o ambiente, os processos e produtos, como também para construir um relacionamento mais estreito e transparente com seus públicos, pois como se sabe, "onde se trata o homem como o animal que apenas faz, não existe cultura organizacional que expresse uma identidade organizacional" (NASSAR, 2007).

Ou seja, a memória ajuda a consolidar os valores, auxilia na construção e tradução da identidade da organização. E é esta,

> que constrói, a cada dia, a percepção que o consumidor e seus funcionários têm das marcas, dos produtos, dos serviços. O consumidor e o funcionário têm na cabeça uma imagem, que é histórica. Uma imagem viva, dinâmica, mutável, ajustável, que sofre interferências de toda natureza (NASSAR, 2004, p. 21).

E a imagem que a organização tem diante da sociedade é um dos aspectos mais importantes, pois além de agregar valor, "A imagem é determinante para o cidadão na hora da decisão da compra, e para o empregado na hora de se aliar à causa da empresa" (NASSAR, 2004, p. 21).

Então, a memória empresarial pode representar um trunfo estratégico para as organizações, não somente como diferencial competitivo, mas também em processos de crise, pois "A visibilidade que a sociedade tem da história de uma empresa e de seus gestores, pode ser um ingrediente poderoso nos processos de *crisis management* e concorrência. Em meio às adversidades, as empresas e gestores que têm as suas trajetórias, realizações, contribuições e atitudes bem posicionadas na sociedade podem contar com o apoio, a compreensão e a solidariedade dos públicos sociais" (NASSAR, 2004, p.18).

Portanto, um bom trabalho de memória empresarial deve destacar também a relação da empresa com a história do lugar e da cultura em que opera. Aqui vale ressaltar, conforme atesta Paulo Nassar, que "O empresariado brasileiro tem trabalhado mal a relação de suas empresas e de suas marcas com a história do País e das regiões em que opera. Marcas como Sadia, Bradesco, Gerdau, Embraer, Itaú, Votorantim, Vale, Brahma, entre outras, ainda são pouco percebidas além dos seus produtos e serviços" (NASSAR, 2007).

Deste modo, a memória organizacional se torna uma importante ferramenta de comunicação para fortalecer a marca no mercado, gerar identificação com a missão e os valores corporativos, aprimorando o relacionamento das empresas com seus públicos e com a sociedade em geral. Por isso, "dar a conhecer a memória da empresa não é juntar em álbuns velhas fotografias amareladas, papéis envelhecidos. É usá-la a favor do futuro da organização e seus objetivos presentes. É tratar de um dos seus maiores patrimônios" (NASSAR, 2004, p. 21).

CONSIDERAÇÕES FINAIS

Vivemos em um período de constante mudança ocasionada pela interveniência da tecnologia em nosso cotidiano, e esse impacto se estende a todas as esferas da vida social, da economia à política, passando pela cultura. A revolução tecnológica promovida pela novas tecnologias da informação e da comunicação está remodelando continuamente a base social e material das sociedades contemporâneas, em uma engenharia social nova apoiada em uma arquitetura de rede, onde os indivíduos, os Estados e as economias se encontram em estado de interdependência.

Do ponto vista social, esse novo panorama se traduz em uma percepção instável e mutante que os indivíduos têm dos valores, da sociedade e de si mesmos. Isso provoca um movimento paradoxal e simultâneo, em que o novo e o velho, o presente e o passado coexistem em uma mesma temporalidade. O desejo do novo convive agora com o desejo de resistir a ele. Os indivíduos descentrados da contemporaneidade buscam no passado, pelo aparente caráter estável e imutável, um sentido para um mundo em transformação constante. E é nesse cenário que o tema da memória ganha nova importância, novos significados, ganha centralidade.

Do ponto de vista material, significa dizer que o capital passa por um novo estágio, com um metabolismo cada vez mais acelerado e uma nova forma de agregar valor e gerar riqueza. A lógica da reprodução homogênea, em que o domínio do tempo de reprodução de mercadorias padronizadas era o processo pelo qual se agregava valor, foi substituída por uma lógica de inovação, de criação, na qual o valor emerge da imaterialidade. Esse processo de agregar valor impõe-se agora em um tempo de criação contínua do novo; a partir da produção, circulação, consumição e socialização da informação, qualidade e quantidade de trabalho passam a ser organizados por sua imaterialidade. Assim, a informação se torna a principal matéria-prima, e está presente em todas as etapas da cadeia produtiva, da produção ao descarte, passando pelo consumo. E as organizações precisam estar atentas a isso! Principalmente, no que tange à questão do consumo, já que a capacidade crítica do consumidor final está mais ampliada, dada a quantidade de informação a que ele tem acesso.

Neste contexto, há uma preocupação cada vez maior por parte das empresas em desenvolver estratégias para reter e gerir o conhecimento produzido pelos seus colaboradores, em todas as etapas do processo produtivo. E a questão da gestão do conhecimento nos encaminha para tema da memória organizacional, categoria que ganha maior relevância e espaço, na medida em que ela se debruça em processos de retenção, conservação e reutilização do conhecimento.

Para nós, a Memória Organizacional se configura como importante instrumento de comunicação das organizações, aumentando a competitividade, fortalecendo a marca no mercado, agregando valor e estreitando os laços de relacionamento, identificação e pertencimento para com seus públicos.

REFERÊNCIAS

BAUMAN, Zygmunt. *Modernidade líquida.* Rio de Janeiro: Zahar, 2001.

BENJAMIN, Walter. *Magia e técnica, arte e política*: ensaios sobre literatura e história da cultura. 7. ed. São Paulo: Brasiliense, 1994.

BERGSON, Henri. *Matéria e memória.* Tradução de Paulo Neves. São Paulo: Martins Fontes, 1999.

CASTELLS, Manuel. *A sociedade em rede.* São Paulo: Paz e Terra, 2003.

COCCO, Giuseppe; GALVÃO, Alexander Patez; SILVA, Gerardo. *Capitalismo Cognitivo*: trabalho, redes e inovação. Rio de Janeiro: DP&A, 2003.

DELEUZE, Gilles. *Conversações.* São Paulo: Editora 34, 1992.

GIDDENS, Anthony. *As Consequências da Modernidade.* São Paulo: UNESP, 1991.

GOFF, Jacques Le. Memória. In: ROMANO, Rugiero. *Enciclopédia Einaudi*, vol. 1, verbete Memória-História. Portugal: Imprensa Nacional – Casa da Moeda, 1984.

GUNNING, Tom. O retrato do corpo humano: a fotografia, os detetives e os primórdios do cinema. In: CHARNEY, Leo, SCHWARTZ, Vanessa. (Orgs.). *O cinema e a invenção da vida moderna*. São Paulo: Cosac & Naify, 2004.

HALBWACHS, Maurice. *A memória coletiva*. São Paulo: Centauro, 2006.

HUYSSEN, Andreas. *Seduzidos pela memória*. Rio de Janeiro: Aeroplano, 2000.

LAZZARATO, Maurizio; NEGRI, Antonio. *Trabalho imaterial:* formas de vida e produção de subjetividade. Rio de Janeiro: DP&A, 2001.

MARTINS, Francisco Menezes; SILVA, Juremir Machado da. *A genealogia do virtual*: comunicação, culturas e tecnologias do imaginário. Porto Alegre: Sulinas, 2004.

MAUSS, Marcel. *Sociologia e Antropologia*. São Paulo: Cosac & Naify, 2003.

MCLUHAN, Marshall. *Os meios de comunicação como extensões dos homens*. 4. ed. São Paulo: Cultrix, 1974.

MORIN, Edgar. *Os sete saberes necessários à educação do futuro*. São Paulo: Cortez, 2000.

NASSAR, Paulo. Memória de Empresa: *História e Comunicação de mãos dadas a construir o futuro das organizações*. São Paulo: Aberje, 2004.

_____. *Entre a produção e o prazer, a história*. Terra. 21 jul. 2007. Disponível em: <http:// terramagazine.terra.com.br/interna/0,,OI1774185-EI6786,00-Entre+a+producao+e+o+praz er+a+historia.html >. Acesso em: 20 mar. 2013.

PAULRÉ, B. De la new economy au capitalisme cognitif. *Multitudes*, nº 2, p. 87-97, 2000.

PORCIÚNCULA, Cristina Russo Geraldes da. *O uso de instrumentos de relações públicas na construção da memória institucional estudo de caso FENADOCE* – Feira Nacional do Doce. Porto Alegre, 2008.

SASIETA, Héctor Andrés Melgar; BEPPLER, Fabiano Duarte; PACHECO, Roberto Carlos dos Santos. A Memória Organizacional no Contexto da Engenharia do Conhecimento. In: *DataGramaZero – Revista de Informação*, v. 12, nº 3, ago. 2011.

SELIGMANN-SILVA, Márcio. *Palavra, imagem, memória e escritura*. Chapecó: Argos, 2006.

SEMPRINI, Andrea. *A marca pós-moderna*: poder e fragilidade da marca na sociedade. São Paulo: Estação das Letras, 2006.

SIMSON, Olga R. de Moraes. Imagem e memória In: SAMAIN, Ethienne (Org.). *O fotográfico*. São Paulo: Hucitec, 1998.

SPILLER; A.; PONTES, C. C. C. Memória organizacional e reutilização do conhecimento técnico em uma empresa do setor eletroeletrônico no Brasil. *RBGN*, São Paulo, v. 9, nº 25, p. 96-108, set./dez. 2007.

STALYBRASS, Peter. *O casaco de Marx*: roupas, memória, dor. 3. ed. Belo Horizonte: Autêntica Editora, 2008.

TARKOVSKI, Andrei. *Esculpir o tempo*. São Paulo: Martins Fontes, 1990.

VERNANT, Jean-Pierre. *As origens do pensamento grego*. São Paulo: Difel, 1990.

_____ . *Mito e o pensamento entre os gregos*. São Paulo: Paz e Terra, 2008.

WORCMAN, Karen. Memória do futuro: um desafio. In: NASSAR, Paulo. *Memória de Empresa*: história e comunicação de mãos dadas, a construir o futuro das organizações. São Paulo: Aberje, 2004.

WEINBERGER, Hadas; FRANK, Ariel J. Evaluating organizational memory: A three-layer model. *Multikonferenz Wirtschaftsinformatik (Economics and Comupter Science)(MKWI 2006). Berlin: GITO-Verlag* (2006). Disponível em: <http://www.academia.edu/984817/Evaluating_organizational_memory_A_three-layer_model>.

WEINBERGER, Hadas; TE'ENI, Dov; FRANK, J. *Ontologies of organizational memory as a basis for evaluation*. Disponível em: <http://sdaw.info/asp/aspecis/20030157.pdf>.

<http://pt.dreamstime.com/imagem-de-stock-royalty-free-email-que-envia-o-portátil-do-mundo-sms-image27105696>

7 BASES PARA SE REFLETIR SOBRE O ENDOMARKETING E A COMUNICAÇÃO INTERNA

Maria Natalina Cinegaglia[1]

---

[1] **Maria Natalina Cinegaglia** é Administradora. Formada em Letras, especialista em Comunicação empresarial. Professora da Universidade Estácio de Sá.

INTRODUÇÃO

"Se você falar com um homem numa linguagem que ele compreende, isso entra na cabeça dele. Se você falar com ele em sua própria linguagem, você atinge seu coração."

(Nelson Mandela)

Comunicação, uma palavra tão simples, mas muito complexa de se colocar em prática de forma efetiva. Muitos não conseguem por falta de conhecimentos, e lhes são cobrados os resultados da comunicação, mas ninguém se preocupou em passar seu conceito e orientar como deveria ser feito. As pessoas não param para explicar o que é comunicação, nem por que realmente ignoraram seu significado.

A palavra *Comunicação* significa: tornar comum, trocar informação. A Comunicação implica participação, ser ágil e transparente, saber ouvir, fazer com que todos entendam e pratiquem, que sintam necessidade e a façam de uma maneira muito natural com beber água, comer, ler e dormir.

Sem ela não aprofundamos conhecimentos nem conseguimos interagir com o Universo, não adquirimos experiências nem conseguimos trabalhar em equipe para melhorar os resultados da organização. Sem ela torna-se impossível resolver os problemas que acontecem no dia a dia das nossas empresas e em nossa vida.

A comunicação foi, é e sempre será um elemento vital para a vida pessoal e profissional. É preciso planejar, definir e traçar metas tanto nos meios organizacionais, como nas relações societárias de maneira geral, que vão de uma simples relação familiar a uma estrutura organizacional de grande porte; o que muda é o meio como e onde se realiza essa comunicação, lembrando que precisa ser direta e objetiva.

Hoje, com a concorrência e com a globalização, a comunicação tornou-se ainda mais valiosa e valorizada; com isso, o cuidado tem que ser muito maior, afinal, com as várias culturas envolvidas e a responsabilidade que é assumida, exige-se muito mais da pessoa. Aí se encontra o grande desafio: fazer essa comunicação cada vez mais eficiente e a favor da empresa é função de gestores e de todos os integrantes de uma organização a responsabilidade de fazê-la acontecer.

A comunicação acontece o tempo todo, e só se consegue saber se houve compreensão se houver o retorno e, para isso, é preciso mensurar o tempo todo, estar atento.

"Comunicação é mais que informação; informação subsidia, atualiza, nivela conhecimento. A comunicação sela pactos e educa"

(Emílio Odebrecht)

Quando se fala em comunicação, não se pode confundir com informação: esta não tem a responsabilidade de buscar o retorno, ela é uma estrada de mão única, enquanto a comunicação é uma "via de mão dupla", que só acontece se houver o retorno. Se isto não acontecer, não haverá os resultados esperados.

Segundo a jornalista Olga Curado, "A comunicação é um fenômeno que cria ambiente de contato". Para Davi Berlo (apud REGO, 1986, p. 59), "a comunicação é, sobretudo, um processo de influência", pois transfere ideias entre as pessoas.

Atualmente, a comunicação interna é considerada uma ferramenta importante de gestão empresarial, a favor do crescimento, desenvolvimento, relação interpessoal e equilíbrio das organizações junto ao mercado. Muitas empresas estão percebendo e investindo mais em colaboradores mais especializados e, muito mais que isso, em um treinamento eficaz para melhorar a comunicação. Sabe-se que não é fácil, mas é primordial e se precisa fazer com que os colaboradores tenham consciência desta importância, enfatizando a comunicação interna como excelente meio de interação entre os membros da organização.

A comunicação deve ser muito bem planejada e incentivada à conquista de melhores resultados numa empresa, lembrando que não basta implantar, é preciso controlar e avaliar constantemente seus resultados e nunca perder "de vista" seu objetivo.

Desta forma, pode-se dizer que a boa comunicação empresarial é a condição primordial para a sobrevivência e o crescimento de qualquer negócio e, para que ela seja o fator determinante de sucesso nas organizações, é necessário que se dê de maneira eficiente, caso contrário, poderá ser uma arma poderosa contra a própria empresa.

A proposta deste capítulo é mostrar um dos desdobramentos da comunicação empresarial, hoje peça fundamental na organização – a Comunicação Interna. Sem ela não haverá sucesso com os clientes, permitindo ao leitor se inteirar de sua importância na troca entre líder e liderados, dando ênfase ao benefício do *feedback,* através do *Endomarketing* como diferencial na melhoria da troca de informações da empresa.

Com a competitividade bastante acirrada entre as empresas, vem-se percebendo a necessidade da aprendizagem contínua e da preparação de colaboradores para as mudanças que ocorrem constantemente nas empresas.

O cliente externo está cada vez mais exigente, então, é preciso estar preparado para atendê-lo da melhor maneira possível, e a profissionalização é a melhor maneira de atingir os resultados necessários às empresas. Portanto, treinamento e valorização do cliente interno começam a possuir seu peso e a exigir maiores investimentos.

Hoje, algumas empresas praticam ações de comunicação para obter um bom desempenho de seus colaboradores junto aos clientes externos, e para alcançar isso, é preciso informar-se, preparar, satisfazer e valorizar o público interno e, como isso, conseguirá a interação entre toda a empresa, ao longo do tempo.

Em relação ao colaborador, seu comprometimento com o negócio está relacionado ao nível de conhecimento que possui sobre a empresa, e implicará diretamente o sucesso ou fracasso da organização, logo percebe-se como são fundamentais a transparência e a prioridade das informações a esses clientes.

7.1 A comunicação nas empresas

> *"Não me ajeito com os padres, os críticos e os canudinhos de refresco: não há nada que substitua o sabor da comunicação direta."*
>
> (Mario Quintana)

De acordo com Gustavo Rocha – Diretor da consultoria Gestão AdvBr – em seu artigo *"Comunicação Interna. Observe."*, uma das situações mais complexas que se enfrenta na sociedade e nas empresas é a comunicação. Segundo Rocha (2012), "a comunicação é mais do que fundamental, é imprescindível. Ela é o grande benefício e o grande mal de todas as organizações".

Na visão de MATOS (2009, p. 2), comunicação significa o mesmo que "tornar comum, partilhar, repartir, trocar opiniões [...]".

> Comunicar bem não é só transmitir ou só receber bem uma informação. Comunicação é troca de entendimento e sentimento, e ninguém entende outra pessoa sem considerar além das palavras, as emoções e a situação em que fazemos a tentativa de tornar comuns conhecimentos, ideias, instruções ou qualquer outra mensagem, seja ela verbal, escrita ou corporal (MATOS, 2009, p. 2).

O processo comunicacional permite aos seres humanos estabelecer relações interpessoais, uma vez que podem expor suas opiniões, seus sentimentos (emoções), podem falar e ser ouvidos, e até compartilhar conhecimentos e opiniões. Isso acontece a partir do momento em que todos estão interagindo e têm consciência da sua importância e objetivo.

Chiavenato (2005) afirma que a comunicação pode ser feita por meios verbais, orais ou escritos, através de palavras escritas ou faladas e não verbais, expressão corporal e facial (através de gestos e atitudes, ou mesmo através do silêncio, e só é realmente efetivada quando a informação é transmitida de uma pessoa para outra e existe a compreensão da mensagem pelo receptor).

As ações dos seres humanos estão todas ligadas à comunicação. Ao se relacionar uns com os outros, é estabelecida a comunicação. Diante disso, entende-se que ela é a troca de informação entre os sujeitos, se não houver troca, não haverá comunicação, e sim informação. Isso significa, então, que não houve *feedback*.

Cenerini afirma que:

> Quando um emissor passa a um receptor, um conjunto de dados codificados é chamado de informação, ou seja, a informação requer um emissor, um receptor e uma mensagem. Já a comunicação, o ato comunicativo, se forma somente quando a mesma informação recebida pelo receptor é compreendida, interpretada e reenviada ao emissor, o que é caracterizado como *feedback*, o principal elemento da comunicação (2009, p. 16).

Uma das principais dificuldades enfrentadas pelas empresas atualmente, quando se fala em comunicação, é a falta de *feedback*. As pessoas não fazem isto, muitas vezes, porque não houve o entendimento do que receberam como mensagem, ou mesmo porque não houve a preocupação de ser claro e passar a informação de forma eficiente, uma realidade bastante comum. Ao mesmo tempo, os líderes não percebem que, se a informação for compartilhada, a tarefa será realizada com mais eficiência e alcançará melhores resultados. É esse o processo que garante também o fluxo das mensagens com êxito, ou seja, ser claro e objetivo é o grande segredo. A falta de retorno, por causa de falhas na comunicação, faz com que não aconteça interação.

As falhas e ruídos comprometem a produtividade e os resultados da empresa. O emissor é o maior responsável por esse comprometimento. É ele que transmite a informação, portanto, cabe a ele tornar comum sua fala e verificar se todos compreendem da mesma maneira a mensagem.

Se o emissor que propõe a informação não obtiver sucesso ao enviar sua mensagem, não haverá comunicação, ou seja, se não houver um interação para completar esse processo, o emissor não terá como verificar a eficácia da transmissão de sua mensagem, e caberá a ele verificar e mensurar as consequências para sua equipe ou para sua empresa, pois o cliente externo é o mais penalizado com o problema.

Como diz Corrado:

> A comunicação deixou de ser um departamento e passou a ser uma prioridade. A comunicação organizacional já não se concentra apenas em transmitir

informações, mas também em mudar o comportamento dos empregados para que realizem um melhor trabalho, impulsionando a organização em direção as suas metas (1994, p. 7).

A comunicação com qualidade passou a ser vista, nas últimas décadas, como o grande diferencial da organização. Com isso, um bom sistema de comunicação em uma empresa é a garantia de sucesso. Por isso, é necessário aprimorar a comunicação das organizações, pensando em todos os setores. Muitas vezes os gestores esquecem que eles são os grandes responsáveis pela comunicação e que precisam estar sempre atentos às mudanças que acontecem de uma maneira veloz e dinâmica.

7.1.1 *Comunicação interna*

A comunicação interna visa a toda e qualquer possível interação e a troca de informações entre a organização e seus colaboradores internos, o que gerará a boa comunicação com seu público externo, levando à satisfação e à fidelização com serviços ou produtos de uma empresa.

Esse tipo de comunicação tem a necessidade de transmitir ao público interno tudo sobre a empresa, como as ações, visões e os pensamentos da organização, deixando o colaborador informado sobre o que acontece na empresa. Essa disseminação da cultura organizacional os levará a se sentirem mais valorizados e pertinentes ao todo da organização. Para isso, utilizam-se instrumentos da comunicação, mais fáceis de serem empregados, devido ao avanço da tecnologia e da internet.

Segundo Torquato (2004), a missão da comunicação interna é:

> Contribuir para o desenvolvimento e a manutenção de um clima positivo, propício ao cumprimento das metas estratégicas da organização e ao crescimento continuado de suas atividades e serviços e à expansão de suas linhas de produtos (p. 54).

Na visão de Kunsch, "a comunicação interna deve contribuir para o exercício da cidadania e para a valorização do homem" (2003, p. 59).

O setor de comunicação vem ocupando espaços importantes nas empresas, tanto que os Recursos Humanos dessas empresas estão se adaptando e se preocupando com a qualificação dos colaboradores para esta nova demanda do mercado.

Deixou de ser uma atividade informal e, até mesmo, tratada com descaso e passou a ocupar um espaço importante nas organizações, por estimular a relação interpessoal e o desenvolvimento dos colaboradores, gerando, possivelmente, melhores resultados – o que só acontece quando todos os elementos da organização estão trabalhando para o mesmo objetivo.

Hoje se passa a maior tempo de vida no trabalho, daí a importância de se tornar o ambiente de trabalho o mais agradável possível. E a Comunicação Interna é uma das responsáveis por manter esse clima harmônico entre as pessoas que constituem a empresa. Por isso, os diferentes setores devem estar muito bem integrados.

Não se pode esquecer que a comunicação interna acontece entre a empresa e os colaboradores da empresa – os setores, as unidades, os órgãos, as chefias, os gerentes, os diretores, e o presidente, fazem parte desta organização e, portanto, precisam estar inseridos nesse processo.

Para Andrade (2007),

> A alta direção de qualquer organização precisa conhecer e acreditar no poder da comunicação interna, pois é através dela, com uma boa relação com o público interno, de forma eficiente, que a empresa poderá transmitir a sua imagem ao seu público externo, pois são eles os responsáveis por essa imagem (p. 21).

Um modelo de comunicação interna eficaz pode se tornar uma das ferramentas gerenciais mais importantes para a gestão do conhecimento, pois numa empresa em que há a troca de comunicação entre seus colaboradores, ou seja, a comunicação interna acontece, há a melhora significativa na inteligência dos mesmos e especial valor na troca entre a empresa e o meio exterior, pois haverá mais segurança sobre o que é transmitido.

7.1.2 Objetivos da comunicação interna

Os principais objetivos da comunicação interna são:

- Interagir com o cliente interno;
- Tornar claros e fluentes as informações e, consequentemente, proporcionar a integração de todos os funcionários da empresa;
- Possibilitar aos colaboradores acesso ao conhecimento das transformações ocorridas na empresa no ambiente de trabalho;

- Tornar determinante a presença dos colaboradores de uma organização no andamento dos negócios – esse resultado é fantástico para iniciarem a criação e uma relação duradoura e fidedigna.

- Fazer com que o funcionário se sinta parte integrante da empresa, e com isso se doe mais e venda melhor seu produto.

Enfim, é necessária a criação de uma relação duradoura com o público interno, a partir da manutenção de um canal aberto e que possibilite a troca de informação e conhecimento para torná-lo influente, integrado e informado de todo e qualquer movimento da empresa, daí surge a urgência do aprimoramento desse planejamento ou, até mesmo, da implantação da comunicação interna, hoje considerada como algo imprescindível nas organizações, merecendo, cada vez mais, atenção e planejamento para o sucesso empresarial.

Por meio da Comunicação Interna, é mais fácil estabelecer canais que possibilitem um melhor relacionamento e tornem mais ágil e transparente qualquer tipo de empresa.

7.1.3 Fatores de influência na comunicação interna

Para Alberto Ruggiero (2002), a qualidade da comunicação é derivada de alguns pontos considerados de suma importância:

- **Prioridade à comunicação:** qualidade e *timing* da comunicação, assegurando sintonia de energia e recursos de todos com os objetivos maiores da empresa;

- **Abertura da alta direção:** disposição da cúpula de abrir informações essenciais garantindo insumos básicos a todos os colaboradores;

- **Processo de busca:** proatividade de cada colaborador em busca as informações de que precisa para realizar bem o seu trabalho;

- **Autenticidade:** verdade acima de tudo, ausência de "jogos de faz de conta" e autenticidade no relacionamento entre os colaboradores, assegurando eficácia da comunicação e do trabalho em times;

- **Foco em aprendizagem:** garantia de efetiva aprendizagem do que é comunicado, otimizando o processo de comunicação;

- **Individualização:** consideração às diferenças individuais (evitando estereótipos e generalizações), assegurando melhor sintonia e qualidade de relacionamento na empresa;

- **Competências de base:** desenvolvimento de competências básicas em comunicação (ouvir, expressão oral e escrita, habilidades interpessoais), assegurando a qualidade das relações internas;
- **Velocidade:** rapidez na comunicação dentro da empresa, potencializando sua qualidade e seu nível de contribuição aos objetivos maiores;
- **Adequação tecnológica:** equilíbrio entre tecnologia e alto contato humano, assegurando evolução da qualidade da comunicação e potencializando a força do grupo.

Segundo Stoner e Freeman (1999), quatro fatores influenciam a eficácia da comunicação nas organizações: os canais formais da comunicação, a estrutura de autoridade, a especialização do trabalho e a propriedade da informação.

Como os canais formais da comunicação hoje cobrem uma distância cada vez maior, à medida que as organizações crescem e se desenvolvem, ampliando horizontes de atuação, com filiais e franquias, são beneficiadas com o mesmo processo. E em consequência atingem de forma mais eficaz o todo da empresa, para que se garanta melhor atuação no mercado. Assim, neste processo, a tecnologia torna-se a grande aliada para a efetivação do processo.

7.2 A comunicação interna como ferramenta de gestão

Segundo Bekin (2004): "Se a empresa espera atingir objetivo lá fora, precisa se certificar que todos estão comprometidos com esse objetivo." Anteriormente, a comunicação interna é ferramenta fundamental e essencial nos processos diários de trabalho de uma organização. Por meio dela, podem-se atingir metas empresariais, provocar mudanças culturais, motivar seu público, interagir equipes, sanar dificuldades de uma maneira mais branda e de aproximar líderes e liderados com a empresa, em que se trabalha, a fim de integrar e perpetuar equipes, entre outras tantas metas.

Além disso, a sistematização estratégica da comunicação interna é capaz de anular ruídos e falhas provocadas por boatos. O Ruído é algo extremamente negativo, o "rádio-corredor" poderá levar a empresa ao insucesso.

Não se deve esquecer que a comunicação interna necessita estar alinhada ao discurso da cultura organizacional; todos precisam falar a "mesma língua", considerar a importância de todos os públicos e dar voz ao colaborar, estimulando sua participação nas decisões, pois este está diretamente ligado ao cliente externo, em muitas situações de realização do negócio-fim da empresa.

Para que a integração entre todos os colaboradores de uma empresa seja coesa, algumas ferramentas podem ser aplicadas. Entre elas, as publicações internas, tais como: *blog* corporativo, revistas (onde todos publicarão), boletins, memorandos, *newsletters*; *intranet*, eventos, *e-mail*; eventos de integração para funcionários; palestras e *workshops*.

> *"A pessoa deve definir suas metas assim ele pode dedicar toda a sua energia e talento para chegar lá. Com bastante esforço, ele pode conseguir. Ou ele pode achar algo que é ainda mais gratificante. Mas no final, não importa qual seja o resultado, ele saberá que ele viveu."*
>
> (Walt Disney)

7.2.1 A Importância do endomarketing para o sucesso das organizações

Kotler e Bloom (1987) definem o Endomarketing como um triângulo estratégico entre *a empresa, o funcionário e o cliente*. "Endo", do grego, quer dizer ação interior ou movimento para dentro. Uma vez que a empresa trabalha o Marketing interno, ela "vende" seus produtos para seu cliente interno e seus familiares, quando a empresa interage com seu público interno, mostrando primeiramente seu produto ou serviço, está valorizando esse cliente e, ao mesmo tempo, faz com que seus clientes externos sintam-se mais seguros e, como consequência, a empresa passa a possuir mais visibilidade e credibilidade, isto é, mais condições de sucesso.

Não há como falar em Comunicação Interna sem que se enfoque o Endomarketing. São dois conceitos que compartilham dos mesmos "interesses" e caminham juntos, afinal, não existe Endomarketing sem comunicação interna e, por sua vez, a comunicação ganha mais credibilidade a partir do momento em que o endomarketing realmente é implantado e cumpre objetivos na organização.

Lembrando que **Endomarketing** não é Comunicação Interna, e sim a Comunicação Interna é uma ferramenta poderosa para o sucesso do **Endomarketing**, que se pode, assim, conceituar.

Antes de qualquer iniciativa, a empresa precisa convencer seus colaboradores a "comprar" seus produtos ou serviços, para posteriormente vendê-los para seu cliente externo, fomentando a ideia de que o sucesso depende de todos da organização e que cada um colaborador é responsável por isso.

A formação de uma boa imagem corporativa está relacionada ao **Endomarketing,**[2] hoje muito utilizado nas empresas, pois o público interno precisa conhecer essa imagem e transmiti-la ao ambiente externo, o **Endomarketing** gera melhoria da produtividade, da relação interpessoal, do que precisa acontecer em todos os setores, da saúde física e mental das pessoas envolvidas, fato consequente à saúde da empresa. Por essa razão, o fluxo de informação deve ser constante e transparente.

Como resultado, há a motivação dos colaboradores, a sensação de pertencimento e sentimento de equipe, visando tornar essa empresa competitiva, a partir do comprometimento do seu público interno, dando a mesma importância que é dada ao *Marketing* externo, quando se faz o planejamento estratégico corporativo e, com isso, o resultado será muito mais garantido.

Kotler e Bloom (1987) concordam, e dizem que é o Marketing voltado para o público, colaboradores com mais contato com o cliente externo, são as pessoas que atendem no balcão, os vendedores e divulgadores, as pessoas que levam o produto até seu cliente, aquele que promove a empresa e que tomou um vulto tão grande, que as maiores empresas do mercado usam isso como estratégia de gestão, e garantem dar certo e, por isso, investem.

> *"Os liderados percebem os interesses e o valor da liderança quando a sua comunicação expressa responsabilidades, simpatia e visão de crescimento através da confiança e da dignidade."*
>
> (Helgir Girodo)

7.3 A comunicação interna como ferramenta do *endomarketing*

Com o passar dos anos, tornou-se comum no ambiente empresarial o termo *Endomarketing* como sinônimo de produtividade e da relação saudável dos seus clientes internos, com obtenção de bons resultados. É o *Endomarketing* que regula a relação entre as pessoas e das pessoas com a própria organização. É o grande responsável em promover a gestão da empresa com foco nas pessoas e aí se tem uma grande aliada: a Comunicação Interna.

---

[2] Endomarketing é toda e qualquer ação de marketing voltada para a satisfação e aliança do público interno com o intuito de melhor atender aos clientes externos. Já para Kotler (2002) o Marketing interno é como uma "tarefa bem-sucedida de contratar, treinar e motivar funcionários hábeis que desejam atender bem aos consumidores", e ainda ressalta a associação estabelecida entre o Marketing interno, o treinamento e a motivação dos colaboradores para o atendimento adequado aos consumidores.

Os funcionários passam a ser vistos como parceiros do sucesso, e não como peça ou um número na organização. A empresa e os funcionários estreitam a cada dia relações, aspecto fundamental para que a empresa alcance seus objetivos de forma mais duradoura. Nesta visão, o relacionamento é constituído de confiança e segurança.

Quantas vezes o público interno é o último a saber de alguma atividade de sua empresa? Algumas vezes só toma conhecimento de informações importantes por fontes externas, trazendo um desconforto. Com isso, gera-se a desmotivação de toda a equipe, então, é fundamental que o público interno seja o primeiro a saber sobre as ações que o *Marketing* tomará, ou se existe algum problema na empresa, que venha comprometer a imagem dessa empresa.

Não adianta investir milhões de reais em *Marketing* externo e pouco trabalhar o *Marketing* interno. Quando o cliente interno conseguir compreender o negócio e os produto/serviços da empresa, saberá melhor trabalhar e vender o negócio-fim da empresa. O **Endomarketing** é o responsável por desenvolver essa integração entre o colaborador interno, a organização e o público externo. Se a Comunicação interna for bem operacionalizada, o **Endomarketing** fará sucesso, e as tarefas serão cumpridas com mais eficiência. Assim, a motivação é cada vez maior, pois haverá colaboradores satisfeitos e resultados garantidos. Manter todos os colaboradores informados é vital à empresa, afinal, são eles que conquistam e fidelizam o cliente externo.

É importante que todos saibam quais são os objetivos, as estratégias, as metas e as formas de atuação em relação aos clientes externos e aos produtos e serviços oferecidos naquele momento, só assim é possível compreender os clientes externos de forma mais coerente e eficaz, diminuindo-se custos, tempo e possibilitando o surgimento de um clima interno mais harmonioso e satisfatório. Quando o marketing interno é bem-feito, o marketing externo será muito mais abrangente e terá sucesso garantido.

A frase de Walt Disney reflete essa relação: "Você pode sonhar, criar, desenhar e construir o lugar mais maravilhoso do mundo [...] Mas é necessário ter pessoas para transformar seu sonho em realidade." Assim é na empresa, são os colaboradores que estão à frente da concretização da missão da empresa e da apresentação do negócio-fim.

Não basta o cliente interno ou colaborador interno estar motivado, cabe à empresa gerenciar isso e reforçar esta atitude. A valorização é um grande trunfo que as empresas têm nas mãos. O elogio, a palavra positiva é sempre bem-vinda, apenas favorece a empresa.

O *Endomarketing* ou *marketing* interno, ao trabalhar com todos os setores da empresa, deve desenvolver ações com o objetivo de implantar o conceito de uma administração participativa e colaborativa. O marketing interno é usado na empresa com o objetivo de reestabelecer a credibilidade das empresas, favorecendo a relação entre gestão e colaboradores. Há a demonstração a cada colaborador da responsabilidade de cada um dentro do processo produtivo, proporcionando liberdade de ação ao envolvidos, gerando a conscientização necessária para melhoria da qualidade da produção e qualidade profissional. Como diz Kotler (2002): "Endomarketing é uma tarefa bem-sucedida de contratar, treinar e motivar funcionários hábeis que desejam atender bem aos consumidores" (p. 98).

As ferramentas do *Endomarketing* também constituem a comunicação interna, a liderança, a motivação, o treinamento e o desenvolvimento, o fluxo de informações técnicas, entre outras. E ainda afirma que "estes e outros componentes administrativos devem ser abordados e enriquecidos quanto aos conteúdos".

As dificuldades são muitas para que haja a implantação dessa mentalidade organizacional, pois haverá necessidade de mudanças de cultura e também deve ser levada em consideração a velocidade das transformações culturais, em virtude da tecnologia e formas de disseminar conhecimento.

A empresa precisa prestar atenção e tomar cuidado com a compreensão justa e adequada das informações e comunicações, bem com a condição de trabalho, para o desenvolvimento de capacidades, oportunidades de crescimento, integração social na organização, relevância social do trabalho na vida, pois são necessários recursos materiais; clima organizacional; confiabilidade; ética e transparência.

As palestras internas, os programas para apresentar as novidades da empresa, as tendências e a evolução que a mesma teve, falar sobre sua cultura e trabalhar de maneira bastante interativa até mesmo com os familiares na organização, trazer a família para dentro da empresa são algo motivador, afinal, os colaborados se doam mais à empresa que à própria família, por isso, a interação é importante, a empresa pode e deve promover cursos, eventos, passeios que envolvam a família, e com isso mostrar que também se preocupam com o grupo familiar de seus colaboradores. É uma forma de "agradecer" o que ele faz pela organização. Como afirma Gigaglia (2002): "Portanto, pode-se afirmar que o evento – no dicionário Aurélio define como acontecimento ou sucesso – tem como característica principal propiciar uma ocasião extraordinária ao encontro de pessoas, com finalidade específica a qual constitui o tema principal do evento e justifica a sua realização" (p. 3).

Com isso o Endomarketing passa a trabalhar o educativo para trazer os inúmeros benefícios para o crescimento tanto do profissional quanto da empresa em que ele trabalha.

136 Comunicação empresarial • França

O "custo" com essa área precisa ser colocado no planejamento e deve ser visto como investimento. Ter uma equipe preparada para assumir esta área é outra recomendação importante. Cabe ainda dizer que, se não houver recursos e nem pessoal suficiente para isso, é importante que se faça algo, mesmo que sejam ações simples.

CONSIDERAÇÕES FINAIS

"A vida é uma peça de teatro que não permite ensaios. Por isso cante, chore, dance, ria e viva intensamente, antes que a cortina se feche e a peça termine sem aplausos."

(Charles Chaplin)

O planejamento é hoje algo necessário, e é indiscutível que precisa acontecer. Hoje, a preocupação com o ambiente de trabalho é grande, ou seja, durante o planejamento e nos projetos desenvolvidos pelas organizações, a valorização do colaborador nas empresas é primordial. Para isso a transparência é um dos desafios.

A Comunicação Interna precisa ser bem planejada e controlada na sua operacionalização, com objetivos bem definidos, para viabilizar a interação da melhor maneira possível entre a organização e seus empregados, usando as ferramentas da comunicação interna como: Publicações internas, Memorando, Murais, Rádio interna, Relatórios, Correio eletrônico, *Newsletter, Intranet etc.* Uma empresa que investe em comunicação interna está preocupada em "alimentar" seus colaboradores para o desenvolvimento de seus negócios.

O Endomarketing surge como elemento de ligação entre o cliente interno e empresa, e usa Entrevistas, Avaliações, *Feedback*, Eventos, Reuniões, Eventos culturais para valorizar o colaborador e mostrar como funciona e deve ser divulgado o produto/serviço. Como isso, faz-se do colaborador um grande aliado, fomentando a ideia de que seu sucesso pessoal e profissional está ligado ao sucesso da empresa.

São as pessoas que satisfazem as necessidades dos clientes externos das empresas, e para satisfação de terceiros é preciso que suas necessidades estejam satisfeitas também. Eles precisam se sentir realizados no trabalho, lembrando que existem várias formas de valorização do trabalho, de maneira a criar condições de tomar decisões e, assim, assumir o comprometimento com a empresa.

Considerando que, independentemente do nível hierárquico ocupado na organização, todos os funcionários são comunicadores, e interagir dentro do processo, mesmo através da comunicação informal, facilitará a integração e a participação de todos os envolvidos na empresa e fora dela, conclui-se, então, que a Comunicação Interna deve ser priorizada como Ferramenta do *Endomarketing*. Os tabus devem ser derrubados, velhos paradigmas serão desprezados, para a construção de um novo modelo de comunicação, segundo o qual todos os funcionários estejam envolvidos, sem poupar ninguém e nenhuma informação.

REFERÊNCIAS

ANDRADE, Luciana de Paula. *O papel da comunicação interna como ferramenta de endomarketing.* Monografia apresentada ao Instituto Vez do Mestre. UCAM: Rio de Janeiro, 2007.

BEKIN, Saul Faingaus. *Endomarketing:* Como praticá-lo com sucesso. São Paulo: Prentice Hall, 2004.

CENERINI, Vanessa. *As ferramentas da comunicação interna* – Um estudo sobre os veículos de comunicação nas organizações. Monografia apresentada à Instituição CESUMAR: Maringá, 2009.

CHIAVENATO, Idalberto, *Comportamento organizacional* – a dinâmica do sucesso das organizações. Rio de Janeiro: Campus Elsevier, 2005.

DANTAS, Edmundo Brandão. *Marketing descomplicado.* Brasília: SENAC, 2005.

CORRADO, F. M. *A força da comunicação*: quem não se comunica. São Paulo: Markron Books, 1994.

GICAGLIA, Maria Cecília. *Organizações de eventos:* teoria e prática. São Paulo: Pioneira, 2002.

KOTLER, Philip; JAIN, Dispak C.; MAESINCEE, Suvit. *Marketing em ação.* Rio de Janeiro: Campus, 2002.

————; BLOOM, Paul N. *Marketing para serviços profissionais.* São Paulo: Atlas, 1987.

KUNSCH, Margarida M. K. *Planejamento de relações públicas na comunicação integrada.* São Paulo: Summus, 2003.

MATOS, Gustavo Gomes de. *Comunicação empresarial sem complicação:* como facilitar a comunicação na empresa, pela via da cultura e do diálogo. 2. ed. Barueri: Manole, 2009.

OGDEN, James R.; CRESCITELLI, Edson. *Comunicação integrada de marketing*: conceitos, técnicas e práticas. São Paulo: Pearson Prentice Hall, 2007.

REGO, Francisco Gaudêncio Torquato. *Comunicação empresarial, comunicação Institucional.* São Paulo: Summus, 1986.

RH.COM.BR. Homepage. Disponível em: <http://www.rh.com.br/>. Acesso em: 12 jul. 2013.

ROCHA, Gustavo. *Comunicação interna*. 2012. Disponível em: <http://www.ogerente.com.br/rede/recursoshumanos/comunicacao-interna>. Acesso em: 5 mar. 2013.

RUGGIERO, Alberto Pirró. *Qualidade da comunicação interna*. 2002. Disponível em: <http://www.rh.com.br>. Acesso em: 5 mar. 2013.

S.B&C.A. *Endomarketing*: homepage. Disponível em: <http://www.endomarketing.com.br>. Acesso em: 12 jul. 2013.

STONER, J. A. F.; FREEMAN, R. E. *Administração*. Rio de Janeiro: Editora Prentice-Hall do Brasil, 1999.

TAVARES, Maurício. *Comunicação empresarial e planos de comunicação*. Integrando teoria e prática. São Paulo: Atlas, 2010.

TORQUATO, Gaudêncio. *Comunicação em tempos de crise*. Disponível em: <http://www.rh.com.br>. Acesso em: 20 jul. 2004.

_____. *Comunicação empresarial*: comunicação institucional. São Paulo: Summus, 1997.

ÍNDICE REMISSIVO

A

Administração da Produção, 74

C

Competências, 89, 90

Competência Interpessoal, 38

Comunicação, 123, 126

Comunicação Empresarial, 42, 126

Comunicação Estratégica, 55

Comunicação Formal, 25

Comunicação Interna, 123, 128, 129, 130, 131

Comunicação nas Organizações, 3, 37, 85

Competência Interpessoal, 38

Controle, 71, 76

Controle de Produção, 71, 74, 75

Cultura Organizacional, 118, 128, 131

D

Desenvolvimento do Indivíduo, 42

E

E-mail, 25, 27, 32

E-mail Corporativo, 25

Empowerment, 48

Endomarketing, 123, 132

Engenharia da Produção, 74

Equipe de Trabalho, 51

F

Fator humano na Comunicação, 16

Ferramenta de Gestão, 131

Ferramenta do *Endomarketing*, 133

G

Gerente, 40, 44

Gerenciamento, 44

Gestão Logística, 105

I

Inovação, 109

L

Liderança de Pessoas, 44

Linguagem do E-mail Corporativo, 29

Logística, 105

M

Media Training, 55

Memória, 109, 113

Memória das organizações, 117

Modelo COMCOMPET, 100, 102, 103

Modelo Holístico, 104

P

Passado e Memória da Organização, 109

Planejamento, 74, 75

Planejamento de Comunicação, 4

Porta-voz, 56, 57

Pragmática, 3

Práticas Organizacionais, 13

Processo de Comunicação, 71, 87

S

Sistemas de Comunicação, 85

SuperVia, 55, 56

T

Tecnologias, 85, 86

Tecnologia da Informação, 85, 86

Teoria da Polidez, 6, 13

Formato	17 x 24 cm
Tipografia	Charter 11/14
Papel	Alta Alvura 90 g/m² (miolo)
	Supremo 250 g/m² (capa)
Número de páginas	152

Pré-impressão, impressão e acabamento

grafica@editorasantuario.com.br
www.editorasantuario.com.br

Aparecida-SP